200 perguntas de business coaching para você decolar nos seus negócios

V. L. Müller

Copyright © 2024 — V. L. Muller
Todos os direitos reservados.

Nenhuma parte deste eBook pode ser reproduzida, distribuída ou transmitida por quaisquer meios (eletrônicos, mecânicos, fotocópia, gravação ou outros) sem permissão prévia por escrito do autor, exceto por breves citações em resenhas e usos permitidos por lei.

Este material tem finalidade educacional e informativa. Não substitui acompanhamento psicológico, terapêutico, jurídico, organizacional ou profissional especializado. O autor não se responsabiliza por resultados específicos decorrentes da aplicação das ideias aqui apresentadas. O leitor é responsável por suas decisões, posicionamentos e diálogos.

ISBN: 9798332354564

Dedico este livro à minha esposa Márcia e aos meus filhos Gabriel e Lucca.

V. L. Müller

Índice

Introdução	9
Capítulo 1: Autoconhecimento e Propósito	14
Capítulo 2: Planejamento e Estratégia	22
Capítulo 3: Gestão de Tempo e Produtividade	33
Capítulo 4: Liderança e Gestão de Equipe	45
Capítulo 5: Marketing e Vendas	58
Capítulo 6: Finanças e Crescimento	71
Capítulo 7: Inovação e Adaptação	91
Capítulo 8: Desenvolvimento Pessoal e Aprendizado Contínuo	104
Conclusão	117

Introdução

No mundo dos negócios, a busca pelo sucesso é uma jornada contínua que exige aprendizado, adaptação e crescimento constantes. Cada empreendedor, executivo e profissional sabe que as respostas para os desafios empresariais são muitas vezes complexas e multifacetadas. No entanto, há uma ferramenta que pode simplificar esse processo e fornecer clareza: as perguntas certas. Este livro, "200 perguntas de Business Coaching para você decolar nos seus negócios", é dedicado a explorar o poder das perguntas estratégicas no contexto do coaching de negócios.

A prática de coaching de negócios é fundamentada na premissa de que as perguntas específicas podem desbloquear o potencial máximo de um indivíduo ou de uma organização. Diferente do aconselhamento ou consultoria, onde o foco está em fornecer respostas e soluções, o coaching coloca o coachee no centro do processo de descoberta. As perguntas poderosas não apenas incentivam a reflexão profunda, mas também promovem a auto-suficiência, beneficiando os indivíduos a desenvolverem suas próprias soluções e estratégias.

Neste livro, vamos explorar a arte de fazer perguntas de qualidade, aquelas que provocam insights, desafiam suas posições e estimulam a ação. Ao longo da minha carreira como coach de negócios, aprendi que perguntas bem formuladas podem transformar a maneira como o mundo e nós agimos. Elas nos obrigam a sair da nossa zona de conforto, a questionar nossas crenças e a considerar novas perspectivas. É essa a habilidade de ver o mundo de forma diferente que muitas vezes leva a inovações e avanços significativos.

Para estruturar este livro, as perguntas foram organizadas em categorias temáticas que abrangem os principais aspectos do sucesso empresarial. Desde o autoconhecimento e propósito até finanças e inovação, cada seção foi elaborada para abordar uma área específica do negócio, proporcionando uma abordagem holística e integrada. Ao trabalhar com estas perguntas, você será guiado através de um processo que não apenas melhora seu entendimento do seu próprio negócio, mas também ajuda a identificar e implementar estratégias eficazes para o crescimento.

Vamos começar pelo autoconhecimento e propósito. Esta seção é fundamental porque entender quem você é e o que você valoriza é a base de qualquer empreendimento de sucesso. Muitas vezes, os empresários se encontram perdidos ou desmotivados porque seus negócios não estão alocados com seus valores e paixões pessoais. As perguntas nesta seção ajudam você a explorar suas motivações profundas, a definir sua missão e a alinhar suas ações com seus valores essenciais. Este alinhamento é crucial para a resiliência e a satisfação a longo prazo.

Seguindo em frente, a seção de planejamento e estratégia oferece perguntas que incentivam uma visão de longo prazo e a definição de objetivos claros. Planejar é essencial para qualquer negócio, mas muitas vezes os empresários ficam tão focados nas operações diárias que perdem de vista o quadro geral. As perguntas desta seção ajudam você a sair da rotina e a pensar grande, desenvolvendo planos estratégicos que guiarão suas ações e decisões.

A gestão de tempo e produtividade é outro aspecto crucial do sucesso empresarial. O tempo é um recurso finito, e a maneira como você o utiliza pode fazer toda a diferença entre o sucesso e o fracasso. As perguntas desta seção foram escritas para ajudá-lo a identificar suas prioridades, eliminar distrações e criar sistemas de trabalho eficientes. Aprender a gerenciar seu tempo de forma eficaz permitirá que você faça mais em menos tempo, aumentando sua produtividade e alcançando seus objetivos com mais rapidez.

Liderança e gestão de equipe são temas centrais em qualquer negócio de sucesso. Ser um bom líder é muito mais do que apenas delegar tarefas; é sobre inspirar, motivar e desenvolver sua equipe. As perguntas desta seção ajudam você a refletir sobre seu estilo de liderança, a identificar áreas de melhoria e a desenvolver estratégias para construir uma equipe forte e coesa. Um líder eficaz é aquele que consegue extrair o melhor da sua equipe, criando um ambiente de trabalho positivo e produtivo.

Marketing e vendas são os motores que impulsionam o crescimento de qualquer negócio. Compreender seu mercado e seu cliente é essencial para desenvolver estratégias de marketing eficazes. As perguntas desta seção ajudam você a definir seu público-alvo, identificar suas necessidades e desejos e a comunicar o valor do seu produto ou serviço de forma clara e convincente. Em um mercado competitivo, a capacidade de se destacar é crucial, e as perguntas desta seção ajudam você a alcançar isso.

A gestão financeira e o crescimento sustentável são temas que muitas vezes intimidam os empresários, mas são essenciais para o sucesso a longo prazo. As perguntas desta seção ajudam você a monitorar seus indicadores financeiros, a planejar o futuro e a desenvolver estratégias para aumentar sua receita sem comprometer a qualidade. Compreender seus números é essencial para tomar decisões informadas e garantir a saúde financeira do seu negócio.

A inovação e a adaptação são essenciais para se manter relevante num mercado em constante mudança. As perguntas desta seção foram propostas para incentivá-lo a pensar fora da caixa, a explorar novas ideias e a se adaptar rapidamente às mudanças do mercado. Em um ambiente empresarial dinâmico, a capacidade de inovar e se adaptar é um diferencial competitivo crucial.

Finalmente, o desenvolvimento pessoal e o aprendizado contínuo são fundamentais para qualquer empresário que deseja crescer e evoluir. As perguntas desta seção pretendem ajudá-lo a identificar áreas de desenvolvimento pessoal, buscar novas oportunidades de aprendizado e aplicar esses conhecimentos no seu negócio. O sucesso não é um destino, mas uma jornada de aprendizado e crescimento contínuo.

Espero que você encontre valor e inspiração nas perguntas apresentadas neste livro. Cada pergunta foi elaborada com o objetivo de ajudá-lo a alcançar um entendimento mais profundo de si mesmo e de seu negócio, a desenvolver estratégias eficazes e a tomar decisões informadas. Lembre-se de que o verdadeiro poder das perguntas está na sua capacidade de provocar reflexão e ação. Use este livro como um guia para explorar novas possibilidades, desafiar suas suposições e, acima de tudo, crescer e prosperar em seus negócios.

Obrigado por escolher embarcar nesta jornada de descoberta e crescimento. Vamos juntos explorar o poder das perguntas e resolver nossos negócios!

Capítulo 1: Autoconhecimento e Propósito

O sucesso no mundo dos negócios começa com um profundo entendimento de si mesmo. O autoconhecimento é a base para qualquer empreendimento sólido, pois sem ele, é fácil perder a direção e a motivação ao longo do caminho. Este capítulo é dedicado a explorar a importância do autoconhecimento e do propósito, e como esses elementos fundamentais podem impactar negativamente seu negócio. Por meio de perguntas estratégicas, você será guiado em uma jornada introspectiva que revelará seus valores mais profundos, motivações e a missão que norteia suas ações empresariais.

1. Quais são os seus valores mais importantes e como eles se refletem no seu negócio?

Os valores são princípios fundamentais que orientam nossas decisões e comportamentos. Identificar seus valores é crucial, pois eles influenciam diretamente como você conduz seu negócio. Reflita sobre os valores que são mais importantes para você e como eles se manifestam em suas práticas empresariais. Por exemplo, se a integridade é um valor central, como você garante que todas as suas interações de negócios são honestas e transparentes? Se a inovação é um valor, como você incentiva a criatividade e a busca por novas ideias dentro da sua empresa? Entender e alinhar seus valores com suas ações fortalecerá a autenticidade e a resiliência do seu negócio.

2. O que o motiva a seguir em frente diante das dificuldades?

A jornada empresarial é repleta de desafios e obstáculos. Identificar o que realmente motiva a seguir em frente é essencial para manter a resiliência e a determinação. Pergunte a si mesmo o que lhe dá energia e entusiasmo, mesmo em situações mais difíceis. Pode ser a paixão pelo que faz, o desejo de criar um impacto positivo na vida das pessoas, ou a aspiração de construir um legado duradouro. Reconhecer suas motivações profundas não só ajudará a superar os momentos difíceis, mas também a manter o foco e a persistência necessária para alcançar seus objetivos de longo prazo.

3. Qual é a missão do seu negócio e por que ela é importante para você?

A missão do seu negócio é a declaração de propósito que orienta todas as suas ações e decisões. Ela responde à pergunta fundamental: "Por que fazemos?" Desenvolver uma missão clara e inspiradora é essencial para alinhar seus esforços e comunicar sua visão tanto para sua equipe quanto para seus clientes. Reflita sobre a razão de ser do seu negócio e a importância dessa missão para você. Como ela se alinha com seus valores pessoais e como ela contribui para o bem-estar dos seus clientes e da sociedade como um todo? Uma missão bem definida pode servir como uma fonte constante de inspiração e orientação, especialmente em momentos de incerteza.

4. O que faz você se sentir realizado no trabalho?

Sentir-se realizado no trabalho é um indicativo de que você está alocado com seu propósito e valores. Identifique as atividades e conquistas que trazem uma sensação de realização e satisfação. Pode ser o processo criativo de desenvolver novos produtos, a satisfação de resolver problemas complexos, ou a alegria de ver seus clientes satisfeitos e bem atendidos. Entender o que realmente lhe traz realização permitirá que você se concentre nessas áreas e crie um ambiente de trabalho mais gratificante e motivador. Além disso, essa clareza pode ajudá-lo a delegar tarefas que não são tão gratificantes, permitindo que você se concentre em atividades que têm um impacto maior em seu bem-estar e sucesso.

5. Como você descreve o sucesso em termos de sua vida e negócios?

O sucesso pode significar coisas diferentes para pessoas diferentes. Para alguns, pode haver acumulação de riqueza e status, enquanto para outros, pode haver realização de um trabalho significativo e criação de um impacto positivo no mundo. Reflita sobre o que o sucesso significa para você, tanto na vida pessoal quanto nos negócios. Como você mede o sucesso e quais são os indicadores que você considera mais importantes? Essa clareza ajudará a definir suas metas e prioridades, garantindo que você esteja seguindo um caminho que realmente lhe traz satisfação e realização. Além disso, compartilhar sua visão de sucesso com sua equipe pode inspirá-los e alinhá-los com seus objetivos.

6. Quais são os maiores desafios que você enfrenta e como eles serão superados?

Cada desafio que você enfrenta ao longo de sua jornada empresarial impulsiona o seu crescimento e desenvolvimento. Reflita sobre os obstáculos mais significativos que encontraram e as estratégias que utilizou para superá-los. O que esses desafios ensinam sobre você mesmo e sobre sua abordagem aos negócios? Compreender seus pontos fortes e áreas de melhoria a partir dessas experiências pode fornecer insights valiosos para enfrentar futuros desafios com maior confiança e resiliência. Além disso, compartilhar essas histórias de superação pode inspirar e motivar sua equipe e outros empreendedores.

7. Quais são os seus pontos fortes e como você os utiliza no seu negócio?

Identificar e aproveitar seus pontos fortes é crucial para maximizar seu impacto e eficácia como empresário. Reflita sobre as habilidades e qualidades que você considera seus pontos mais fortes. Como você os utiliza no dia a dia do seu negócio? Seja sua capacidade de liderança, criatividade, habilidades de comunicação ou conhecimento técnico, reconhecer e aplicar seus pontos fortes pode ajudá-lo a se destacar e a criar valor de maneira única. Além disso, entender seus pontos fortes pode orientar o desenvolvimento de sua equipe, garantindo que você complemente suas habilidades com as competências necessárias para o sucesso do seu negócio.

8. Quais são as áreas em que você precisa melhorar e como planejá-lo?

Conhecer suas áreas de melhoria é um passo importante para o crescimento pessoal e profissional. Reflita sobre as habilidades e competências que você gostaria de desenvolver e as estratégias que pretende utilizar para aprimorá-las. Isso pode incluir a participação em cursos, buscar mentoria, ler livros ou praticar novas técnicas. Ao abordar essas áreas de melhoria de maneira proativa, você não só aprimora suas capacidades, mas também demonstra um compromisso contínuo com o desenvolvimento pessoal. Essa atitude de aprendizado contínuo pode servir de exemplo para sua equipe e criar uma cultura de aprimoramento constante dentro do seu negócio.

9. Como você mantém o equilíbrio entre a vida pessoal e profissional?

Manter um equilíbrio saudável entre a vida pessoal e profissional é essencial para o bem-estar geral e o sucesso sustentável. Reflita sobre as práticas e estratégias que você utiliza para garantir que esteja dedicando tempo suficiente a ambos os aspectos da sua vida. Isso pode incluir a definição de limites claros, a prática de atividades que promovem o relaxamento e o autocuidado, e a priorização de tempo de qualidade com a família e amigos. Um equilíbrio bem gerido não só melhora sua saúde mental e física, mas também aumenta sua eficácia e satisfação no trabalho. Além disso, promover um equilíbrio saudável dentro de sua empresa pode contribuir para um ambiente de trabalho mais positivo e produtivo.

10. O que você faria se soubesse que não poderia falhar?

Essa pergunta o encoraja a pensar sem limitações e a explorar seus sonhos e aspirações mais ambiciosas. Reflita sobre os projetos e iniciativas que você empreenderia se tivesse a certeza de sucesso. Essa reflexão pode revelar paixões e objetivos que você talvez tenha negligenciado devido ao medo do fracasso. Identificar esses sonhos pode fornecer insights valiosos sobre sua verdadeira missão e propósito, além de inspirá-lo a tomar ações ousadas e inovadoras. Lembre-se de que muitos grandes empreendimentos foram feitos com a coragem de sonhar grande e a disposição de arriscar.

11. Como você lida com o medo e a incerteza?

O medo e a incerteza são companheiros constantes no mundo dos negócios. Reflita sobre suas estratégias para lidar com esses sentimentos e mantenha o foco em seus objetivos. Isso pode incluir a prática de mindfulness, a busca de apoio de mentores e colegas, ou a elaboração de planos de contingência para mitigar riscos. Entender e gerenciar seu medo e incerteza não só aumenta sua resiliência, mas também melhora sua capacidade de tomar decisões informadas e amorosas. Além disso, ao compartilhar suas estratégias com sua equipe, você pode ajudá-los a enfrentar seus próprios medos e incertezas, criando um ambiente de trabalho mais confiante e proativo.

12. Quais são suas maiores conquistas até agora e como elas o impactaram?

Reflita sobre suas conquistas mais significativas e o impacto que elas tiveram em sua vida e negócios. Quais habilidades e qualidades você demonstrou para alcançar essas conquistas? Como essas experiências moldaram sua visão de si mesmo e de seu potencial? Comemorar suas vitórias e reconhecer seu progresso é essencial para manter a motivação e a confiança. Além disso, compartilhar suas conquistas com sua equipe pode inspirá-los e criar um senso de orgulho e realização coletiva. Lembre-se de que cada conquista, grande ou pequena, é um passo em direção ao seu objetivo final.

13. Como você define e mede o sucesso?

O sucesso pode atender a várias maneiras, dependendo de seus valores e objetivos. Reflita sobre os critérios que você utiliza para definir e medir o sucesso em sua vida e negócios. Isso pode incluir indicadores financeiros, satisfação do cliente, crescimento pessoal, impacto social, entre outros. Ter uma compreensão clara de como você define o sucesso ajudará a alinhar suas ações e decisões com seus objetivos de longo prazo. Além disso, compartilhar essa visão com sua equipe pode ajudá-los a entender e apoiar suas metas, criando um senso de propósito e direção compartilhada.

14. Quais são suas principais fontes de inspiração e como elas influenciam seu trabalho?

Identifique as pessoas, eventos, livros ou experiências que mais o inspiram e como essa inspiração se reflete em seu trabalho. Pode ser um mentor, um livro que você lê, ou uma experiência pessoal transformadora. Entender suas fontes de inspiração pode ajudá-lo a manter a motivação e a criatividade, especialmente em momentos de desafio. Além disso, compartilhar essas inspirações com sua equipe pode promover um ambiente de trabalho mais inspirador e positivo. A inspiração é uma poderosa força motriz que pode impulsionar a inovação e o crescimento, tanto a nível pessoal quanto organizacional.

15. Como você lida com o fracasso e o que aprende com ele?

O fracasso é uma parte inevitável da jornada empresarial, mas também é uma oportunidade valiosa de aprendizado e crescimento. Reflita sobre como você lida com o fracasso e as lições que aprendeu com suas experiências passadas. O que esses fracassos ensinam sobre você mesmo, sua resiliência e suas abordagens aos desafios? Aprender a ver o fracasso como uma oportunidade de crescimento que, em vez de um obstáculo, pode fortalecer seu ego e aumentar sua capacidade de enfrentar desafios futuros com mais confiança e determinação. Compartilhar suas experiências de fracasso e as lições aprendidas também podem criar uma cultura de aprendizado e resiliência dentro de sua equipe.

Capítulo 2: Planejamento e Estratégia

O planejamento e a estratégia são pilares fundamentais para qualquer negócio que deseje alcançar o sucesso a longo prazo. Sem um plano claro e uma estratégia bem definida, é fácil perder o rumo e desperdiçar recursos valiosos. Este capítulo é dedicado a explorar a importância do planejamento estratégico e a fornecer perguntas que o ajudem a desenvolver uma visão clara e detalhada para o seu negócio. Ao responder a essas perguntas, você será capaz de identificar objetivos, traçar metas e criar um roteiro eficaz para atingir seus objetivos.

1. Qual é a visão de longo prazo para o seu negócio?

A visão de longo prazo é uma declaração que descreve o futuro desejado para o seu negócio. Ela serve como um guia para todas as suas decisões e ações. Reflita sobre onde você vê seu negócio daqui a cinco, dez ou vinte anos. Qual é o impacto que você deseja causar no mercado e na sociedade? Como você quer que sua empresa seja reconhecida? Ter uma visão clara do futuro ajudará a alinhar suas estratégias e a manter o foco em seus objetivos de longo prazo, mesmo quando enfrentar desafios e obstáculos ao longo do caminho.

2. Quais são os objetivos principais que você deseja alcançar nos próximos cinco anos?

Definir objetivos claros e específicos é essencial para o sucesso de qualquer plano estratégico. Quais são os marcos importantes que você deseja alcançar nos próximos cinco anos? Esses objetivos podem estar relacionados ao crescimento de receita, expansão de mercado, desenvolvimento de novos produtos, melhoria da eficiência operacional, entre outros. Certifique-se de que seus objetivos sejam SMART (específicos, mensuráveis, alcançáveis, relevantes e com prazo definido). Objetivos bem definidos proporcionarão direção e motivação para você e sua equipe, e servirão como base para medir seu progresso ao longo do tempo.

3. Quais são os passos específicos que você precisa tomar para atingir esses objetivos?

Depois de definir seus objetivos de longo prazo, é crucial desenvolver um plano de ação abrangente para alcançá-los. Quais são as etapas específicas que você precisa seguir? Que recursos serão necessários? Quem será responsável por cada tarefa? Dividir seus objetivos em etapas menores e mais gerenciáveis tornará o processo menos intimidador e mais alcançável. Além disso, ter um plano de ação claro ajudará a garantir que todos na sua equipe estejam alinhados e saibam exatamente o que precisa ser feito e quando.

4. Como você avalia e ajusta suas estratégias de negócios regularmente?

A avaliação contínua e o ajuste de suas estratégias são essenciais para garantir que você esteja no caminho certo para atingir seus objetivos. Reflita sobre os métodos e ferramentas que você utiliza para monitorar o progresso e avaliar a eficácia de suas estratégias. Com que frequência você revisa seus planos e faz ajustes necessários? Ter um processo de avaliação regular permitirá que você identifique rapidamente quaisquer desvios e faça as correções necessárias para manter o rumo certo. Além disso, esteja disposto a ajustar suas estratégias com base em feedback e dados permitindo que você se adapte rapidamente às mudanças no mercado e aproveite novas oportunidades.

5. Quais são os maiores riscos que você enfrenta e como planeja mitigá-los?

Identificar e gerenciar riscos é uma parte crucial do planejamento estratégico. Quais são os principais riscos que seu negócio enfrenta? Eles podem ser internos, como problemas operacionais, ou externos, como mudanças no mercado ou na legislação. Reflita sobre as estratégias que você pode implementar para mitigar esses riscos. Isso pode incluir a diversificação de produtos ou mercados, a criação de planos de contingência ou o fortalecimento de suas finanças. Ao antecipar e planejar os riscos, você estará melhor preparado para enfrentar desafios inesperados e proteger seu negócio contra possíveis perdas.

6. Como você integra inovação em sua estratégia de negócios?

A inovação é essencial para manter a competitividade e o crescimento a longo prazo. Reflita sobre como você integra a inovação em sua estratégia de negócios. Quais são as áreas em que você vê oportunidades para inovação? Como você incentiva sua equipe a pensar de forma criativa e a buscar novas soluções? Estabelecer uma cultura de inovação pode ajudar a identificar novas oportunidades, melhorar processos existentes e desenvolver produtos ou serviços que atendam melhor às necessidades dos seus clientes. Além disso, a inovação contínua pode diferenciar seu negócio no mercado e proporcionar um benefício competitivo significativo.

7. Qual é o seu plano para expandir seu mercado e atingir novos clientes?

Expandir seu mercado e atingir novos clientes é um objetivo comum para muitos negócios em crescimento. Reflita sobre as estratégias que você pode utilizar para atingir esse objetivo. Isso pode incluir a expansão geográfica, o desenvolvimento de novos produtos ou serviços, ou a segmentação de novos grupos de clientes. Quais são os canais de marketing e vendas mais eficazes para atingir seu público-alvo? Como você pode adaptar sua mensagem para responder a novos clientes? Ter um plano claro para a expansão do mercado ajudará a garantir que suas estratégias sejam focadas e eficazes, aumentando suas chances de sucesso.

8. Como você desenvolve e mantém parcerias estratégicas?

Parcerias estratégicas podem ser uma maneira poderosa de fortalecer seu negócio e atingir seus objetivos mais rapidamente. Reflita sobre as parcerias que você já tem e aquelas que gostaria de desenvolver. Quem são os potenciais parceiros que podem complementar seus pontos fortes e oferecer valor adicional aos seus clientes? Como você pode criar e manter relacionamentos mutuamente benéficos com esses parceiros? Desenvolver parcerias estratégicas pode ajudar a expandir seu alcance, melhorar sua oferta de produtos ou serviços e aumentar sua capacidade de inovar e crescer.

9. Como você gerencia seus recursos financeiros para apoiar sua estratégia de negócios?

A gestão financeira eficaz é fundamental para o sucesso de qualquer estratégia de negócios. Reflita sobre como você gerencia seus recursos financeiros para apoiar seus objetivos de longo prazo. Quais são suas principais fontes de financiamento e como você planeja utilizá-las de maneira eficaz? Como você controla seus custos operacionais e maximiza a eficiência? Ter uma compreensão clara de suas finanças e um plano sólido para gerenciar seus recursos ajudará a garantir que você tenha os meios necessários para implementar sua estratégia e atingir seus objetivos.

10. Como você envolve sua equipe no processo de planejamento estratégico?

O envolvimento da equipe no processo de planejamento estratégico é crucial para garantir o alinhamento e a motivação. Reflita sobre como você envolve sua equipe na definição de objetivos e na criação de planos de ação. Como você comunica sua visão e estratégia para todos os membros da equipe? Quais métodos você utiliza para obter feedback e garantir que todos estejam comprometidos com os objetivos? Envolver sua equipe no processo de planejamento estratégico não só aumenta a probabilidade de sucesso, mas também fortalece o senso de propriedade e responsabilidade entre os membros da equipe.

11. Como você utiliza dados e análises para informar suas decisões estratégicas?

O uso de dados e análises é essencial para tomar decisões informadas e baseadas em evidências. Reflita sobre como você coleta e utiliza dados para apoiar seu processo de planejamento estratégico. Quais são as principais métricas que você monitora regularmente? Como você utiliza a análise de dados para identificar tendências, oportunidades e áreas de melhoria? Integrar dados e análises em sua estratégia de negócios permitirá que você tome decisões mais precisas e eficazes, aumentando suas chances de sucesso a longo prazo.

12. Como você se prepara para mudanças no mercado e na economia?

A capacidade de se adaptar rapidamente às mudanças no mercado e na economia é crucial para a sobrevivência e o sucesso de qualquer negócio. Reflita sobre como você se prepara para essas mudanças. Quais sinais de alerta você monitora para antecipar mudanças? Como você ajusta suas estratégias em resposta a novas condições de mercado? Desenvolver uma estratégia inteligente, ágil e adaptável permitirá que você responda rapidamente a mudanças e capitalize novas oportunidades, tornando seu negócio competitivo e resiliente.

13. Quais são os seus diferenciais competitivos e como você se comunica no mercado?

Identificar e comunicar seus diferenciais competitivos é essencial para se destacar no mercado. Reflita sobre o que torna seu negócio único e valioso para seus clientes. Quais são as características, benefícios ou vantagens que diferenciam seus produtos ou serviços da concorrência? Como você comunica essas diferenças ao mercado de maneira clara e convincente? Entender e comunicar seus diferenciais competitivos ajudará a atrair e reter clientes, aumentando sua participação de mercado e fortalecendo sua posição competitiva.

14. Como você avalia o impacto de suas estratégias no desempenho do seu negócio?

Avaliar o impacto de suas estratégias é crucial para garantir que você esteja no caminho certo para atingir seus objetivos. Reflita sobre os métodos e ferramentas que você utiliza para medir o desempenho de suas estratégias. Quais são os principais indicadores de desempenho (KPIs) que você monitora regularmente? Como você utiliza esses dados para ajustar e melhorar suas estratégias? Ter um processo de avaliação contínua permitirá que você identifique áreas de melhoria e tome ações corretivas rapidamente, garantindo que suas estratégias sejam eficazes e aprovadas com seus objetivos.

15. Como você desenvolve a capacidade de execução dentro da sua organização?

A capacidade de executar suas estratégias é tão importante quanto a própria estratégia. Reflita sobre como você desenvolve e fortalece a capacidade de execução dentro da sua organização. Quais são as práticas e processos que você utiliza para garantir que suas estratégias sejam adotadas de maneira eficaz? Como você monitora o progresso e mantém sua equipe responsável? Desenvolver uma cultura de execução forte e disciplinada ajudará a garantir que suas estratégias sejam transformadas em ações concretas e resultados tangíveis, aumentando suas chances de sucesso a longo prazo.

16. Como você lida com a concorrência e se mantém competitivo?

A concorrência é uma realidade constante no mundo dos negócios. Reflita sobre como você monitora e responde à concorrência. Quais são suas estratégias para se manter competitivo? Como você identifica e capitaliza suas fraquezas e pontos fortes em relação aos concorrentes? Entender sua posição competitiva e desenvolver estratégias eficazes para lidar com a concorrência permitirá que você mantenha um benefício no mercado e continue a crescer.

17. Como você desenvolve e implementa políticas de sustentabilidade e responsabilidade social?

A sustentabilidade e a responsabilidade social são cada vez mais importantes para o sucesso a longo prazo de qualquer negócio. Reflita sobre como você desenvolve e implementa políticas de sustentabilidade e responsabilidade social em sua organização. Quais são os principais objetivos e metas que você deseja alcançar? Como você envolve sua equipe e outras partes interessadas nessas iniciativas? Desenvolver uma abordagem proativa para a sustentabilidade e a responsabilidade social não só beneficia a sociedade e o meio ambiente, mas também pode melhorar a reputação da sua marca e atrair clientes e talentos.

18. Como você gerencia a inovação e o desenvolvimento de novos produtos ou serviços?

A inovação e o desenvolvimento de novos produtos ou serviços são essenciais para o crescimento contínuo. Reflita sobre como você monitora esses processos em sua organização. Quais são as práticas e metodologias que você utiliza para fomentar a inovação? Como você identifica oportunidades de mercado e desenvolve soluções que atendem às necessidades dos clientes? Ter um processo estruturado para a inovação e o desenvolvimento de novos produtos ajudará a garantir que você continue a oferecer valor aos seus clientes e a se manter competitivo no mercado.

19. Como você alinha seus objetivos estratégicos com a cultura organizacional?

Alinhar seus objetivos estratégicos com a cultura organizacional é crucial para o sucesso. Reflita sobre como você garante que sua cultura organizacional apoia e promove seus objetivos estratégicos. Quais são os valores e comportamentos que você deseja ver em sua equipe? Como você se comunica e reforça esses valores e comportamentos? Desenvolver uma cultura organizacional que esteja alinhada com seus objetivos estratégicos ajudará a criar um ambiente de trabalho criativo e motivador, onde todos estão trabalhando em direção ao mesmo objetivo.

20. Como você se prepara para a sucessão e o desenvolvimento de líderes futuros?

A sucessão e o desenvolvimento de líderes futuros são essenciais para a continuidade e o crescimento do seu negócio. Reflita sobre como você identifica e desenvolve talentos dentro de sua organização. Quais são os programas e iniciativas que você implementa para preparar futuros líderes? Como você garante que a transição de liderança seja suave e eficaz? Ter um plano de carreira robusto e um foco no desenvolvimento de líderes ajudará a garantir que seu negócio continue a prosperar, mesmo com a mudança de liderança.

Capítulo 3: Gestão de Tempo e Produtividade

No mundo dos negócios, o tempo é um dos recursos mais valiosos e, ao mesmo tempo, mais limitados. Gerenciar o tempo de forma eficiente é crucial para aumentar a produtividade, alcançar metas e manter um equilíbrio saudável entre vida pessoal e profissional. Este capítulo é dedicado a explorar estratégias e práticas de gestão de tempo que podem transformar a maneira como você trabalha e maximizar seu potencial produtivo. Por meio de perguntas estratégicas, você será orientado a refletir sobre suas prioridades, identificar suas distrações e desenvolver sistemas que promovam uma utilização mais efetiva do seu tempo.

1. Como você organiza seu dia para maximizar a produtividade?

Uma organização eficiente do dia é fundamental para aumentar a produtividade. Reflita sobre como você estrutura suas atividades cotidianas. Você tem uma rotina matinal que o prepara para um dia produtivo? Como você prioriza suas tarefas? Quais ferramentas e técnicas você utiliza para manter o foco e gerenciar seu tempo de forma eficaz? Desenvolver uma rotina estruturada pode ajudar a reduzir o estresse, melhorar a concentração e garantir que você esteja fazendo progresso consistente na direção aos seus objetivos.

2. Quais são as principais distrações que você enfrenta e como as gerencia?

Identificar e gerenciar distrações é essencial para manter o foco e a produtividade. Reflita sobre as principais distrações que você enfrenta no seu ambiente de trabalho. Isso pode incluir notificações de e-mail, redes sociais, folgas de colegas ou outras atividades não relacionadas ao trabalho. Quais estratégias você utiliza para minimizar essas distrações? Pode ser útil estabelecer períodos de tempo dedicados ao trabalho focado, usar técnicas como o Pomodoro, ou criar um ambiente de trabalho mais tranquilo. Ao reduzir as distrações, você pode melhorar sua capacidade de se concentrar e completar suas tarefas de forma mais eficiente.

3. Como você prioriza suas tarefas diárias e semanais?

A capacidade de priorizar tarefas é crucial para a gestão eficaz do tempo. Reflita sobre os métodos que você utiliza para determinar quais tarefas são mais importantes e urgentes. Você usa alguma ferramenta ou técnica específica, como a Matriz de Eisenhower ou o Método ABC? Como você decide quais tarefas devem ser realizadas primeiro? Estabelecer um sistema de priorização claro ajudará a garantir que você esteja focando seu tempo e energia nas atividades que têm o maior impacto em seus objetivos e resultados.

4. Quais ferramentas ou métodos você usa para manter o foco?

Manter o foco em um mundo cheio de distrações pode ser desafiador. Reflita sobre as ferramentas e métodos que você utiliza para melhorar sua concentração e produtividade. Você usa aplicativos de gerenciamento de tempo, como Trello, Asana ou Todoist? Ou talvez técnicas como o Método GTD (Getting Things Done) ou o Time Blocking? Ter certas ferramentas e métodos pode ajudar a estruturar seu trabalho, reduzir a procrastinação e melhorar sua eficiência.

5. Como você equilibra trabalho e vida pessoal?

Equilibrar trabalho e vida pessoal é essencial para o bem-estar e a produtividade a longo prazo. Reflita sobre as práticas que você utiliza para garantir que está dedicando tempo suficiente a ambos os aspectos da sua vida. Você define limites claros entre trabalho e tempo pessoal? Como você garante que está reservando tempo para atividades de lazer, descanso e para estar com a família e amigos? Um equilíbrio bem gerido pode melhorar sua saúde mental e física, aumentar sua satisfação geral e ajudar a evitar o burnout.

6. Como você lida com tarefas de baixa prioridade que ainda precisam ser feitas?

Mesmo as tarefas de baixa prioridade precisam ser concluídas para manter o funcionamento eficiente do negócio. Reflita sobre como você gerencia essas tarefas. Você tem delegado a outros membros da equipe? Ou talvez você reserve períodos específicos de tempo para lidar com elas? Desenvolver uma estratégia para gerenciar tarefas de baixa prioridade pode ajudar a garantir que elas não atrapalhem suas tarefas mais importantes, levando seu foco no que realmente importa.

7. Quais são seus maiores desperdiçadores de tempo e como você os elimina?

Desperdiçadores de tempo podem drenar sua produtividade e eficiência. Reflita sobre os hábitos ou atividades que consomem seu tempo sem agregar valor significativo. Você pode verificar e-mails constantemente, reuniões improvisadas ou procrastinação. Quais passos você pode tomar para eliminar ou minimizar esses desperdiçadores de tempo? Desenvolver a consciência desses comportamentos e implementar mudanças pode liberar tempo valioso que pode ser usado de maneira mais produtiva.

8. Como você gerencia seu e-mail e outras formas de comunicação?

A gestão eficaz do e-mail e outras formas de comunicação é essencial para evitar sobrecarga e manter a produtividade. Reflita sobre suas práticas atuais de gerenciamento de e-mails. Você tem horários específicos para verificar e responder e-mails? Como você organiza sua caixa de entrada? Usar técnicas como a Regra dos Dois Minutos, filtros de e-mail e pastas de organização pode ajudar a manter sua caixa de entrada sob controle e garantir que você esteja respondendo às comunicações de forma eficaz e eficiente.

9. Como você lida com tarefas inesperadas ou tardias?

Tarefas inesperadas e prolongadas são inevitáveis no ambiente de trabalho. Reflita sobre suas estratégias para gerenciar essas situações. Você tem um plano de contingência para lidar com tarefas urgentes que surgem de repente? Como você minimiza o impacto de folga em sua produtividade? Desenvolver a capacidade de gerenciar remotamente de forma eficaz pode ajudá-lo a manter o foco e continuar progredindo em suas tarefas prioritárias, mesmo quando surgem imprevistos.

10. Como você define metas de curto prazo e monitora seu progresso?

Definir metas de curto prazo é uma maneira eficaz de manter o foco e a motivação. Reflita sobre como você estabelece suas metas semanais ou mensais. Você usa alguma metodologia específica, como OKRs (Objectives and Key Results) ou SMART (Specific, Measurable, Achievable, Relevant, Time-bound)? Como você monitora seu progresso em relação a essas metas? Estabelecer metas de curto prazo claras e monitorar seu progresso regularmente pode ajudar a garantir que você esteja sempre caminhando em direção aos seus objetivos de longo prazo.

11. Como você avalia sua produtividade ao final de cada dia ou semana?

Avaliar sua produtividade regularmente é crucial para identificar áreas de melhoria e celebrar seus sucessos. Reflita sobre como você avalia seu desempenho diário ou semanal. Você faz uma revisão das tarefas concluídas e das metas alcançadas? Quais indicadores você utiliza para medir sua produtividade? Realizar uma avaliação regular pode fornecer insights valiosos sobre onde você está gastando seu tempo e como você pode ajustar suas estratégias para ser mais eficaz.

12. Como você gerencia projetos de longo prazo sem perder de vista as tarefas diárias?

Gerenciar projetos de longo prazo enquanto lida com tarefas solicitadas pode ser desafiador. Reflita sobre suas estratégias para equilibrar essas duas demandas. Você divide grandes projetos em etapas menores e mais gerenciáveis? Como você garante que está fazendo progresso constante em seus projetos de longo prazo sem negligenciar suas responsabilidades diárias? Desenvolver um equilíbrio entre a gestão de projetos de longo prazo e tarefas administrativas pode ajudar a garantir que você esteja avançando de maneira eficaz em ambas as frentes.

13. Como você utiliza a tecnologia para melhorar sua produtividade?

A tecnologia pode ser uma ferramenta poderosa para melhorar a produtividade. Reflita sobre como você utiliza aplicativos, softwares e outras tecnologias para gerenciar seu tempo e tarefas. Quais ferramentas você encontrou mais úteis? Como você se integra à sua rotina diária? Utilizar a tecnologia de forma eficaz pode automatizar tarefas repetitivas, melhorar a organização e aumentar sua eficiência geral.

14. Como você se prepara para o dia seguinte?

Preparar-se para o dia seguinte pode ajudar a garantir um início produtivo e organizado. Reflita sobre suas práticas de preparação no final do dia. Você revisa suas tarefas e compromissos para o dia seguinte? Como você prioriza suas atividades? Ter uma rotina de preparação pode ajudar a reduzir a incerteza e o estresse, permitindo que você comece cada dia com clareza e foco.

15. Como você garante que está dedicando tempo suficiente para o seu desenvolvimento pessoal e profissional?

O desenvolvimento contínuo é essencial para o crescimento pessoal e profissional. Reflita sobre como você garante que está reservando tempo para aprender novas habilidades e aprimorar suas competências. Você participa regularmente de cursos, workshops e treinamentos? Como você integra o aprendizado contínuo em sua rotina diária? Dedicar tempo ao desenvolvimento pessoal e profissional pode aumentar sua eficácia e abrir novas oportunidades para seu crescimento e sucesso.

16. Como você lida com o estresse e a sobrecarga de trabalho?

Gerenciar o estresse e a sobrecarga de trabalho é crucial para manter a produtividade e o bem-estar. Reflita sobre suas estratégias para lidar com essas situações. Você pratica técnicas de relaxamento, como meditação ou exercícios físicos? Como você garante que está fazendo pausas regulares para recarregar suas energias? Desenvolver práticas eficazes para gerenciar o estresse pode melhorar sua saúde mental e física, aumentando sua capacidade de lidar com as demandas do trabalho.

17. Como você delega tarefas e responsabilidades?

Delegar tarefas e responsabilidades é uma habilidade essencial para uma gestão eficaz do tempo. Reflita sobre como você identifica quais tarefas podem ser delegadas e para quem. Quais critérios você utiliza para escolher os membros da equipe adequados para cada tarefa? Como você monitora o progresso e garante a qualidade do trabalho delegado? Delegar de forma eficaz pode liberar seu tempo para se concentrar em atividades de maior valor, enquanto desenvolve as habilidades e a confiança de sua equipe.

18. Como você mantém a motivação e a energia ao longo do dia?

Manter a motivação e a energia ao longo do dia pode ser desafiador, especialmente em dias longos e ocupados. Reflita sobre suas práticas para se manter motivado e energizado. Você estabelece pequenos marcos e recompensas para si mesmo? Como você garante que está fazendo pausas regulares e se alimentando regularmente? Desenvolver estratégias para manter a motivação e a energia pode ajudar a sustentar altos níveis de produtividade e evitar o esgotamento.

19. Como você gerencia reuniões de forma eficaz?

Reuniões podem ser grandes consumidoras de tempo se não forem gerenciadas de forma eficaz. Reflita sobre como você organiza e conduz suas reuniões. Você estabelece agendas claras e objetivos para cada reunião? Como você garante que as reuniões sejam produtivas e que todos os participantes estejam engajados? Gerenciar reuniões de forma eficaz pode ajudar a reduzir o tempo de gasto e aumentar a eficiência, permitindo que você e sua equipe se concentrem nas tarefas mais importantes.

20. Como você se adapta a mudanças inesperadas em sua agenda?

Mudanças inesperadas na agenda são inevitáveis. Reflita sobre como você lida com essas situações. Você tem flexibilidade suficiente para ajustar suas prioridades e tarefas? Como você monitora o impacto dessas mudanças em sua produtividade? Desenvolver a capacidade de se adaptar rapidamente às mudanças pode ajudar a manter o foco e a eficácia, mesmo quando surgem imprevistos.

21. Como você mantém um ambiente de trabalho organizado?

Um ambiente de trabalho organizado pode melhorar significativamente sua produtividade. Reflita sobre suas práticas para manter sua área de trabalho limpa e organizada. Você tem um sistema para arquivar documentos e materiais? Como você garante que seu espaço de trabalho esteja livre de desordem? Manter um ambiente de trabalho organizado pode reduzir o estresse, melhorar a concentração e aumentar a eficiência.

22. Como você gerencia o tempo dedicado às tarefas administrativas?

Tarefas administrativas são obrigatórias, mas podem consumir muito tempo. Reflita sobre como você gerencia essas tarefas. Você reserva períodos específicos do dia ou da semana para lidar com elas? Como você garante que essas tarefas não interagem com atividades mais importantes? Desenvolver uma abordagem estruturada para gerenciar tarefas administrativas pode ajudar a garantir que elas sejam concluídas de maneira eficiente, sem sacrificar seu foco em atividades de maior valor.

23. Como você utiliza feedback para melhorar sua gestão de tempo?

Feedback é uma ferramenta valiosa para melhorar continuamente sua gestão de tempo. Reflita sobre como você busca e utilize feedback de sua equipe, colegas ou mentores. Quais são as principais áreas de melhoria que foram identificadas? Como você integra esse feedback em suas práticas semanais? Utilizar feedback de forma construtiva pode fornecer insights valiosos e ajudá-lo a refinar suas estratégias de gerenciamento de tempo.

24. Como você equilibra o tempo entre trabalho estratégico e operacional?

Equilibrar o tempo entre trabalho estratégico e operacional é crucial para o sucesso. Reflita sobre como você divide seu tempo entre essas duas áreas. Você reserva períodos específicos para planejamento estratégico e reflexão? Como você garante que as atividades operacionais diárias não dominem seu tempo? Desenvolver um equilíbrio saudável pode ajudar a garantir que você esteja progredindo tanto em suas metas de longo prazo quanto nas necessidades diárias do negócio.

25. Como você comemora suas conquistas e marcos importantes?

Celebrar conquistas e marcos importantes é essencial para manter a motivação e a moral. Reflita sobre como você reconhece e comemora suas vitórias. Você estabelece recompensas para si mesmo e para sua equipe? Como você compartilha esses sucessos com os outros? Celebrar suas conquistas pode fortalecer o comportamento positivo, aumentar a moral e proporcionar uma sensação de realização que sustenta a produtividade a longo prazo.

Capítulo 4: Liderança e Gestão de Equipe

A liderança eficaz e a gestão de equipe são fundamentais para o sucesso de qualquer negócio. Um líder inspirador e uma equipe coesa podem transformar desafios em oportunidades e alcançar resultados extraordinários. Este capítulo é dedicado a explorar os diversos aspectos da liderança e a fornecer perguntas que o ajudem a refletir sobre seu estilo de liderança, a desenvolver suas habilidades e a fortalecer sua equipe. Por meio dessas perguntas, você será orientado a identificar áreas de melhoria, inspirar sua equipe e criar um ambiente de trabalho positivo e produtivo.

1. Qual é o seu estilo de liderança e como ele influencia sua equipe?

O estilo de liderança pode variar significativamente entre indivíduos, e cada estilo tem seus próprios impactos na equipe. Reflita sobre seu estilo de liderança. Você é mais autocrático, democrático, deixa acontecer ou transformacional? Como seu estilo de liderança influencia a moral, a motivação e o desempenho de sua equipe? Entender seu estilo de liderança e seu impacto pode ajudá-lo a identificar áreas de melhoria e a adaptar seu estilo para melhor atender às necessidades de sua equipe.

2. Como você identifica e desenvolve talentos dentro da sua equipe?

Identificar e desenvolver talentos é crucial para o crescimento e o sucesso a longo prazo. Reflita sobre suas estratégias para identificar membros da equipe com alto potencial. Quais métodos você utiliza para avaliar as habilidades e o desempenho de sua equipe? Como você apoia o desenvolvimento profissional e pessoal desses indivíduos? Investir no desenvolvimento de talentos não só fortalece sua equipe, mas também aumenta a retenção e a satisfação dos funcionários.

3. Quais são as principais qualidades que você busca em novos membros da equipe?

Recrutar certos membros para sua equipe é essencial para construir um grupo forte e coeso. Reflita sobre as qualidades que você considera mais importantes em novos membros da equipe. Você valoriza mais habilidades técnicas, atitude, adaptabilidade ou experiência? Como você avalia essas qualidades durante o processo de recrutamento? Ter critérios claros para a seleção de novos membros ajudará a garantir que você traga pessoas que se complementam e fortaleçam sua equipe existente.

4. Como você lida com conflitos dentro da equipe?

Conflitos são inevitáveis em qualquer ambiente de trabalho, mas a maneira como você os gerencia pode fazer uma grande diferença no clima e na produtividade da equipe. Reflita sobre suas abordagens para resolver conflitos. Você adota uma postura mediadora, facilitadora ou resolutiva? Como você garante que todos os envolvidos se sintam ouvidos e respeitados? Desenvolver habilidades eficazes de resolução de conflitos pode ajudar a manter um ambiente de trabalho harmonioso e a promover a colaboração e a inovação.

5. Como você incentiva a inovação e a criatividade no seu negócio?

A inovação e a criatividade são essenciais para manter a competitividade e o crescimento. Reflita sobre as práticas e culturas que você estabelece para incentivar a inovação em sua equipe. Você promove um ambiente onde ideias são bem-vindas e valorizadas? Como você reconhece e recompensa a criatividade? Criar uma cultura de inovação pode ajudar a identificar novas oportunidades, resolver problemas de maneira eficaz e diferenciar seu negócio no mercado.

6. Como você comunica a visão e os objetivos da empresa à sua equipe?

Uma comunicação clara e consistente da visão e dos objetivos da empresa é crucial para alinhar a equipe e garantir que todos estejam trabalhando em direção ao mesmo objetivo. Reflita sobre como você comunica esses elementos à sua equipe. Quais métodos você utiliza para garantir que todos entendam e se sintam parte da visão e dos objetivos da empresa? Uma comunicação eficaz pode aumentar o engajamento, a motivação e a coesão da equipe.

7. Como você mede o desempenho da sua equipe e fornece feedback construtivo?

Medir o desempenho e fornecer feedback são componentes essenciais da gestão de equipe. Reflita sobre os métodos que você utiliza para avaliar o desempenho de seus membros da equipe. Quais métricas e indicadores você considera importantes? Como você fornece feedback de maneira construtiva e útil? Desenvolver um sistema de avaliação claro e um processo de feedback eficaz pode ajudar a melhorar o desempenho individual e da equipe, além de promover o desenvolvimento contínuo.

8. Como você cria um ambiente de trabalho positivo e motivador?

Um ambiente de trabalho positivo e motivador é essencial para a satisfação e a produtividade da equipe. Reflita sobre as práticas que você implementa para criar um ambiente de trabalho saudável. Como você promove a colaboração, o respeito mútuo e a valorização das competências de cada um? Quais benefícios e incentivos você oferece para motivar sua equipe? Criar um ambiente de trabalho positivo pode aumentar a retenção de funcionários, melhorar a moral e promover um desempenho superior.

9. Como você lida com a diversidade e a inclusão em sua equipe?

A diversidade e a inclusão são elementos importantes para criar uma equipe forte e inovadora. Reflita sobre como você aborda essas questões em sua empresa. Quais políticas e práticas você implementou para garantir um ambiente de trabalho inclusivo? Como você valoriza e aproveita as diferentes perspectivas e experiências da sua equipe? Promover a diversidade e a inclusão pode incorporar a cultura da empresa e melhorar a tomada de decisões e a inovação.

10. Como você gerencia a carga de trabalho e evita o esgotamento na sua equipe?

Gerenciar a carga de trabalho e evitar o burnout é essencial para a saúde e o bem-estar da equipe. Reflita sobre como você distribui as tarefas e responsabilidades entre os membros da equipe. Como você monitora os níveis de estresse e cansaço? Quais estratégias você utiliza para garantir que a equipe tenha um equilíbrio saudável entre trabalho e vida pessoal? Implementar práticas para gerenciar a carga de trabalho e evitar o burnout pode aumentar a satisfação e a produtividade da equipe.

11. Como você promove o desenvolvimento contínuo e o aprendizado na sua equipe?

O desenvolvimento contínuo e o aprendizado são cruciais para manter a equipe atualizada e motivada. Reflita sobre as oportunidades de desenvolvimento que você oferece à sua equipe. Quais treinamentos, workshops e programas de mentoria estão disponíveis? Como você incentiva o aprendizado autodirigido e o crescimento profissional? Promover uma cultura de aprendizado contínuo pode ajudar a equipe a adquirir novas habilidades, aumentar a inovação e melhorar o desempenho.

12. Como você lida com a comunicação e a colaboração em equipes remotas?

A comunicação e a colaboração eficazes são exigidas em equipes remotas. Reflita sobre as ferramentas e práticas que você utiliza para facilitar a comunicação à distância. Como você garante que todos os membros da equipe estejam alinhados e informados? Quais estratégias você implementa para promover a colaboração e o engajamento em um ambiente virtual? Gerenciar equipes remotas de maneira eficaz pode aumentar a produtividade e manter um forte senso de equipe, mesmo à distância.

13. Como você avalia e melhora continuamente seus processos de liderança?

A avaliação contínua e a melhoria de seus processos de liderança são essenciais para seu desenvolvimento como líder. Reflita sobre como você avalia suas habilidades e práticas de liderança. Você busca feedback sobre sua equipe e seus colegas? Quais áreas de melhoria foram diferenciadas e como você está trabalhando para aprimorá-las? Adotar uma abordagem de melhoria contínua pode ajudá-lo a crescer como líder e a aumentar a eficácia de sua equipe.

14. Como você lida com a tomada de decisões difíceis como líder?

A tomada de decisões difíceis é uma parte inevitável da liderança. Reflita sobre suas abordagens para tomar decisões complexas e desafiadoras. Quais critérios e processos você utiliza para garantir que suas decisões sejam bem fundamentadas e justas? Como você comunica essas decisões à sua equipe? Desenvolver habilidades eficazes de tomada de decisões pode ajudar a garantir que você lide com desafios de maneira equilibrada e informada, tenha confiança e o respeito da sua equipe.

15. Como você constrói e mantém a confiança dentro da sua equipe?

A confiança é a base de qualquer equipe eficaz. Reflita sobre como você construiu e mantém a confiança dentro de sua equipe. Quais ações e comportamentos demonstram sua confiabilidade e integridade? Como você cria um ambiente onde os membros da equipe se sentem seguros para expressar suas ideias e preocupações? Promover a confiança pode fortalecer os relacionamentos, aumentar a colaboração e melhorar o desempenho geral da equipe.

16. Como você promove a responsabilidade e a autonomia na sua equipe?

Promover a responsabilidade e a autonomia pode aumentar a motivação e a eficiência da equipe. Reflita sobre como você incentiva seus membros a assumir a responsabilidade por suas tarefas e decisões. Quais métodos você utiliza para delegar autoridade e autonomia? Como você monitora o progresso sem microgerenciamento? Estimular a responsabilidade e a autonomia pode empoderar sua equipe, aumentar o engajamento e promover um ambiente de trabalho mais produtivo e satisfatório.

17. Como você monitora o feedback e as avaliações de desempenho?

Gerenciar o feedback e as avaliações de desempenho é essencial para o desenvolvimento contínuo da equipe. Reflita sobre suas práticas de feedback e avaliação. Como você fornece feedback de maneira construtiva e regular? Quais critérios você utiliza para avaliar o desempenho? Desenvolver um processo eficaz para feedback e avaliação pode ajudar a identificar áreas de melhoria, comemorar sucessos e promover o crescimento contínuo.

18. Como você garante que sua equipe esteja sujeita aos valores e à cultura da empresa?

O alinhamento com os valores e a cultura da empresa é crucial para a coesão e o desempenho da equipe. Reflita sobre como você se comunica e reforça os valores e a cultura da empresa. Quais práticas e políticas você implementou para garantir que sua equipe esteja sujeita a esses princípios? Desenvolver um forte alinhamento pode aumentar o engajamento, a motivação e a satisfação da equipe, promovendo um ambiente de trabalho positivo e produtivo.

19. Como você incentiva a colaboração entre diferentes departamentos ou equipes?

A colaboração entre diferentes departamentos ou equipes pode aumentar a eficiência e a inovação. Reflita sobre suas práticas para promover essa colaboração. Quais iniciativas você implementa para incentivar a comunicação e o trabalho em conjunto? Como você remove barreiras e facilita a cooperação entre diferentes áreas da empresa? Promover a colaboração interdepartamental pode ajudar a resolver problemas complexos de maneira mais eficaz e a aproveitar sinergias dentro da organização.

20. Como você se prepara para o futuro e a evolução das necessidades da equipe?

Preparar-se para o futuro e a evolução das necessidades da equipe é essencial para o sucesso a longo prazo. Reflita sobre como você se antecipa e se prepara para as mudanças nas necessidades da equipe. Quais tendências e desenvolvimentos você monitora? Como você adapta suas práticas de liderança e gestão para responder a essas mudanças? Estar preparado para o futuro pode ajudar a garantir que sua equipe continue a crescer e a prosperar, mesmo em um ambiente em constante mudança.

21. Como você comemora as conquistas da equipe e mantém a moral elevada?

Celebrar as conquistas da equipe é essencial para manter a moral elevada e a motivação. Reflita sobre como você reconhece e comemora os sucessos da equipe. Quais práticas você implementou para garantir que todos os membros sejam valorizados e apreciados? Como você cria momentos de empolgação que reforçam o espírito da equipe? Celebrar as conquistas pode fortalecer os laços da equipe, aumentar a satisfação e promover um ambiente de trabalho positivo e motivador.

22. Como você lida com a rotatividade de funcionários e retém talentos?

A rotatividade de funcionários pode ser um desafio significativo para a continuidade e o desempenho da equipe. Reflita sobre suas estratégias para reter talentos e reduzir a rotatividade. Quais práticas e políticas você implementa para garantir a satisfação e o engajamento dos funcionários? Como você aborda as preocupações e os motivos de saída dos membros da equipe? Desenvolver estratégias eficazes para reter talentos pode ajudar a manter uma equipe forte e coesa, reduzir custos e aumentar a produtividade.

23. Como você promove a saúde e o bem-estar da sua equipe?

A saúde e o bem-estar da equipe são fundamentais para a produtividade e a satisfação no trabalho. Reflita sobre as iniciativas que você implementa para promover o bem-estar físico e mental dos membros da equipe. Quais benefícios e programas de suporte você oferece? Como você cria um ambiente de trabalho que valoriza e promove a saúde e o bem-estar? Focar na saúde e no bem estar pode aumentar a moral, reduzir o absenteísmo e melhorar o desempenho geral da equipe.

24. Como você mantém a transparência e a comunicação aberta com sua equipe?

A transparência e a comunicação aberta são essenciais para construir confiança e engajamento. Reflita sobre como você garante que sua equipe esteja bem informada e sinta que pode expressar suas ideias e preocupações. Quais canais e práticas você utiliza para promover a transparência? Como você aborda a comunicação de mudanças e decisões importantes? Manter a transparência e a comunicação aberta pode fortalecer os relacionamentos e criar um ambiente de trabalho mais colaborativo e positivo.

25. Como você se adapta às mudanças e continua a evoluir como líder?

A adaptação e a evolução contínua são essenciais para o sucesso a longo prazo como líder. Reflita sobre como você se mantém atualizado com as tendências e desenvolvimentos na liderança e na gestão de equipes. Quais práticas e recursos você utiliza para continuar a crescer e se desenvolver como líder? Como você incorpora novas ideias e abordagens em seu estilo de liderança? Estar disposto a se adaptar e melhorar pode ajudar a garantir que você continue a ser um líder eficaz e inspirador, capaz de guiar sua equipe através de mudanças e desafios.

Capítulo 5: Marketing e Vendas

Marketing e vendas são as engrenagens que impulsionam o crescimento de qualquer negócio. Sem estratégias eficazes nestas áreas, mesmo os melhores produtos ou serviços podem não atingir seu público-alvo. Este capítulo é dedicado a explorar as técnicas e práticas que podem ajudá-lo a explorar, engajar e converter clientes de maneira eficaz. Por meio de perguntas estratégicas, você será orientado a refletir sobre sua abordagem de marketing e vendas, identificar áreas de melhoria e desenvolver estratégias que maximizem seu impacto no mercado.

1. Quem é seu cliente ideal e como você o identifica?

Entender quem é seu cliente ideal é o primeiro passo para uma estratégia de marketing e vendas eficaz. Reflita sobre as características demográficas, psicológicas e comportamentais do seu público-alvo. Quais são as necessidades, desejos e desafios deles? Como eles consomem informações e tomam decisões de compra? Desenvolver uma persona detalhada do cliente ideal pode ajudar a direcionar suas campanhas de marketing e a personalizar suas abordagens de vendas, aumentando a relevância e a eficácia de suas mensagens.

2. Quais são as principais necessidades e desejos dos seus clientes?

Identificar as principais necessidades e desejos de seus clientes é essencial para criar ofertas de valor. Reflita sobre os problemas que seus produtos ou serviços resolvem e os benefícios que eles proporcionam. Como você pode alinhar sua oferta com os desejos e expectativas de seus clientes? Compreender as necessidades e desejos dos clientes pode ajudar a diferenciar seu negócio e a criar mensagens de marketing que ressoem com seu público-alvo.

3. Como você comunica o valor do seu produto ou serviço aos clientes?

Comunicar o valor do seu produto ou serviço de maneira clara e convincente é crucial para atrair e converter clientes. Reflita sobre como você apresenta os benefícios e diferenciais da sua oferta. Quais são os principais pontos de venda que você destaca? Como você utiliza histórias, depoimentos e provas sociais para apoiar suas afirmações? Uma comunicação eficaz do valor pode aumentar a percepção de relevância e urgência, motivando os clientes a agir.

4. Quais estratégias de marketing foram mais eficazes para você?

Avaliar a eficácia de suas estratégias de marketing é essencial para otimizar suas estratégias e recursos. Reflita sobre as campanhas, canais e táticas que têm gerado os melhores resultados. Você utiliza marketing de conteúdo, mídias sociais, e-mail marketing, publicidade paga ou outras estratégias? Como você mede o sucesso de suas campanhas? Identificar o que funciona bem pode ajudar a replicar e escalar suas estratégias mais eficazes, ao mesmo tempo em que ajusta ou elimina aquelas que não trazem resultados desejados.

5. Como você mede o sucesso de suas campanhas de marketing?

Medir o sucesso de suas campanhas de marketing é fundamental para entender o retorno sobre o investimento e ajustar suas estratégias. Reflita sobre os KPIs (Key Performance Indicators) que você monitora regularmente. Você acompanha métricas como taxas de conversão, custo por aquisição, retorno sobre investimento (ROI) e engajamento nas mídias sociais? Desenvolver um sistema de medição robusto pode fornecer insights valiosos sobre a eficácia de suas campanhas e ajudar a tomar decisões informadas para melhorias futuras.

6. Como você define seus objetivos de marketing e vendas?

Definir objetivos claros e mensuráveis é crucial para orientar suas estratégias de marketing e vendas. Reflita sobre como você estabelece suas metas. Elas são baseadas em crescimento de receita, aumento de participação de mercado, número de leads gerados ou outras métricas? Suas metas são SMART (específicas, mensuráveis, alcançáveis, relevantes e com prazo definido)? Estabelecer objetivos claros pode fornecer foco e direção, garantindo que seus esforços estejam alinhados com os resultados desejados.

7. Quais canais de marketing você utiliza para atingir seu público-alvo?

Determinados canais de marketing são essenciais para alcançar e engajar seu público-alvo. Reflita sobre os canais que você utiliza atualmente. Você está presente nas plataformas de mídia social mais relevantes para seu público? Você investe em SEO, publicidade paga, marketing de conteúdo ou e-mail marketing? Como você avalia a eficácia de cada canal? Utilizar uma combinação de canais pode aumentar seu alcance e melhorar a eficácia de suas campanhas de marketing.

8. Como você utiliza o marketing de conteúdo para atrair e engajar clientes?

O marketing de conteúdo é uma estratégia poderosa para atrair e engajar clientes. Reflita sobre como você cria e distribui conteúdo relevante e valioso. Você desenvolve blogs, vídeos, e-books, webinars ou outros tipos de conteúdo? Como você garante que seu conteúdo seja útil e interessante para seu público-alvo? Uma estratégia de marketing de conteúdo bem elaborada pode aumentar a visibilidade de sua marca, autoridade e criar um relacionamento mais forte com seus clientes.

9. Como você gera e qualifica leads?

Gerar e qualificar leads é um passo crucial no processo de vendas. Reflita sobre suas estratégias para capturar leads qualificados. Quais métodos você utiliza para capturar leads, como landing pages, formulários de inscrição ou eventos? Como você qualifica esses leads para garantir que eles estejam prontos para a compra? Desenvolver um processo eficaz de geração e qualificação de leads pode aumentar a eficiência de sua equipe de vendas e melhorar suas taxas de conversão.

10. Como você nutre leads ao longo do funil de vendas?

Nutrir leads ao longo do funil de vendas é essencial para converter prospects em clientes. Reflita sobre suas estratégias de nutrição de leads. Você utiliza e-mail marketing, automação de marketing ou campanhas personalizadas? Como você mantém os leads engajados e os movimenta através das etapas do funil de vendas? Desenvolver um processo de nutrição eficaz pode aumentar a probabilidade de conversão e criar um relacionamento mais forte e duradouro com seus clientes.

11. Como você alinha suas equipes de marketing e vendas?

Alinhar as equipes de marketing e vendas é crucial para o sucesso de suas estratégias. Reflita sobre como você promove a colaboração e a comunicação entre essas equipes. Quais sistemas e processos você utiliza para garantir que ambas as equipes estejam trabalhando em direção aos mesmos objetivos? Como você mede e incentiva a colaboração entre marketing e vendas? Um alinhamento eficaz pode melhorar a geração de leads, aumentar as taxas de conversão e comprometer o crescimento do negócio.

12. Como você aborda a precificação de seus produtos ou serviços?

A estratégia de precificação pode ter um impacto significativo em suas vendas e na percepção de valor pelos clientes. Reflita sobre como você define os preços de seus produtos ou serviços. Você utiliza uma abordagem baseada em custos, valor percebido ou preços de concorrência? Como você ajusta seus preços para diferentes segmentos de mercado? Desenvolver uma estratégia de precificação bem pensada pode ajudar a maximizar a receita e garantir que seus clientes percebam o valor de suas ofertas.

13. Como você lida com objeções durante o processo de vendas?

Lidar com objeções de maneira eficaz é uma habilidade crucial para a equipe de vendas. Reflita sobre as objeções mais comuns que você encontra e como você as aborda. Quais técnicas e argumentos você utiliza para superar essas objeções e fechar a venda? Desenvolver habilidades para lidar com objeções pode aumentar suas taxas de conversão e fortalecer sua capacidade de persuadir e influenciar seus clientes.

14. Como você personaliza a experiência do cliente?

A personalização da experiência do cliente pode aumentar a satisfação e a lealdade. Reflita sobre como você personaliza suas interações e ofertas para atender às necessidades individuais de seus clientes. Você utiliza dados e insights para segmentar seu público e oferecer mensagens e ofertas personalizadas? Como você garante que cada cliente será valorizado e atendido? Desenvolver estratégias de personalização pode diferenciar seu negócio e criar uma base de clientes fiéis.

15. Como você gerencia o relacionamento com os clientes (CRM)?

Gerenciar o relacionamento com os clientes é essencial para manter a satisfação e a lealdade a longo prazo. Reflita sobre suas práticas de CRM (Customer Relationship Management). Quais ferramentas e sistemas você utiliza para monitorar e gerenciar interações com os clientes? Como você garante que suas equipes de marketing e vendas tenham acesso a informações atualizadas sobre os clientes? Desenvolver um sistema de CRM eficaz pode melhorar a comunicação, aumentar a satisfação do cliente e promover um relacionamento mais forte e duradouro.

16. Como você utiliza dados e análises para informar suas estratégias de marketing e vendas?

O uso de dados e análises é crucial para tomar decisões informadas e planejar suas estratégias. Reflita sobre como você coleta e utiliza dados para apoiar suas iniciativas de marketing e vendas. Quais métricas você acompanha regularmente? Como você utiliza a análise para identificar tendências, oportunidades e áreas de melhoria? Desenvolver uma abordagem baseada em dados pode aumentar a eficácia de suas campanhas e ajudar a tomar decisões mais precisas e estratégicas.

17. Como você desenvolve e treina sua equipe de vendas?

Desenvolver e treinar sua equipe de vendas é essencial para garantir um desempenho consistente e eficaz. Reflita sobre suas práticas de recrutamento, treinamento e desenvolvimento. Quais habilidades e competências você considera mais importantes? Como você garante que sua equipe de vendas está atualizada com as melhores práticas e técnicas? Investir no desenvolvimento de sua equipe de vendas pode aumentar a produtividade, melhorar as taxas de conversão e promover um ambiente de trabalho positivo e motivador.

18. Como você gerencia e incentiva a retenção de clientes?

A redução de clientes é crucial para o crescimento sustentável e a rentabilidade a longo prazo. Reflita sobre suas estratégias para manter clientes satisfeitos e leais. Quais programas de fidelidade, incentivos ou iniciativas de atendimento ao cliente você implementa? Como você mede a satisfação do cliente e aborda feedbacks negativos? Desenvolver estratégias eficazes de retenção pode aumentar a lealdade dos clientes, reduzir a rotatividade e promover um crescimento ecológico.

19. Como você identifica e explora novas oportunidades de mercado?

Identificar e explorar novas oportunidades de mercado é essencial para o crescimento e a expansão. Reflita sobre suas práticas para identificar tendências e oportunidades emergentes. Como você avalia o potencial de novos mercados ou segmentos? Quais passos você toma para explorar e capitalizar essas oportunidades? Desenvolver uma abordagem proativa para a identificação e exploração de novas oportunidades pode ajudar a expandir seu alcance e aumentar suas receitas.

20. Como você se adapta às mudanças no comportamento do consumidor e nas tendências de mercado?

Adaptar-se às mudanças no comportamento do consumidor e nas tendências de mercado é crucial para se manter competitivo. Reflita sobre como você monitora e responde a essas mudanças. Quais fontes de informações e dados você utiliza para identificar tendências emergentes? Como você ajusta suas estratégias de marketing e vendas para se alinhar com as novas preferências e comportamentos dos consumidores? Desenvolver a capacidade de adaptação pode ajudar a garantir que seu negócio continue relevante e competitivo em um mercado em constante evolução.

21. Como você utiliza o marketing digital para aumentar sua presença online?

O marketing digital é uma ferramenta poderosa para aumentar sua presença online e alcançar um público mais amplo. Reflita sobre suas estratégias de marketing digital. Quais plataformas e canais você utiliza para promover sua marca e seus produtos? Como você integra SEO, mídias sociais, publicidade paga e outras táticas digitais? Desenvolver uma estratégia de marketing digital eficaz pode aumentar a visibilidade da sua marca, atrair mais tráfego e gerar leads qualificados.

22. Como você mede e melhora a experiência do cliente?

A experiência do cliente é um fator crítico para a satisfação e a lealdade. Reflita sobre como você mede e melhora a experiência do cliente. Quais métodos você utiliza para coletar feedback, como pesquisas de satisfação e NPS (Net Promoter Score)? Como você aborda e resolve problemas relatados pelos clientes? Desenvolver uma abordagem focada na melhoria contínua da experiência do cliente pode aumentar a satisfação, promover a lealdade e gerar recomendações positivas.

23. Como você cria e mantém um branding forte para sua empresa?

Um branding forte é essencial para diferenciar sua empresa e construir uma conexão emocional com os clientes. Reflita sobre suas práticas de branding. Quais elementos de sua marca são mais importantes, como logotipo, cores, voz e mensagem? Como você garante a consistência da marca em todos os pontos de contato? Desenvolver um branding forte pode aumentar o reconhecimento da marca, promover a lealdade e criar uma base de clientes fiéis.

24. Como você monitora seu funil de vendas e otimiza as contas?

Gerenciar e otimizar seu funil de vendas é crucial para maximizar as contas. Reflita sobre como você estrutura e monitora seu funil de vendas. Quais são as etapas do funil e como você move os leads através dele? Quais ferramentas e técnicas você utiliza para identificar gargalos e oportunidades de melhoria? Desenvolver um funil de vendas eficaz pode aumentar as taxas de conversão, reduzir o ciclo de vendas e melhorar a eficiência da equipe de vendas.

25. Como você planeja e executa lançamentos de novos produtos ou serviços?

O lançamento de novos produtos ou serviços é um momento crucial para qualquer negócio. Reflita sobre como você planeja e executa esses lançamentos. Quais etapas e táticas você utiliza para garantir que o lançamento seja bem-sucedido? Como você gera expectativa e engajamento antes do lançamento? Desenvolver uma abordagem estruturada para o lançamento de novos produtos pode aumentar a visibilidade, atrair novos clientes e gerar vendas significativas desde o início.

Capítulo 6: Finanças e Crescimento

A gestão financeira eficaz e as estratégias de crescimento sustentável são pilares fundamentais para o sucesso de qualquer negócio. Compreender e controlar suas finanças é essencial para tomar decisões informadas e garantir a saúde a longo prazo da sua empresa. Este capítulo é dedicado a explorar práticas financeiras sólidas e abordagens estratégicas para fomentar o crescimento. Por meio de perguntas reflexivas, você será orientado a identificar áreas de melhoria em sua gestão financeira, desenvolver estratégias de crescimento e garantir que seu negócio esteja preparado para prosperar.

1. Quais são os principais indicadores financeiros que você acompanha regularmente?

Monitorar indicadores financeiros é crucial para entender a saúde do seu negócio. Reflita sobre os KPIs (Key Performance Indicators) que você considera mais importantes. Você acompanha a receita, o lucro líquido, a margem de lucro, o fluxo de caixa, o ROI (Retorno sobre Investimento) e a liquidez? Como você utiliza esses indicadores para tomar decisões estratégicas? Desenvolver um sistema robusto de monitoramento financeiro pode fornecer insights valiosos e ajudar a garantir que seu negócio esteja no caminho certo para atingir seus objetivos.

2. Como você gera o fluxo de caixa do seu negócio?

A gestão do fluxo de caixa é essencial para garantir que seu negócio tenha os recursos necessários para operar e crescer. Reflita sobre suas práticas de gestão de fluxo de caixa. Como você projeta e monitora entradas e saídas de dinheiro? Quais estratégias você utiliza para manter um fluxo de caixa positivo, como prazos de pagamento com fornecedores e gerenciar contas a receber? Desenvolver práticas eficazes de gestão de fluxo de caixa pode ajudar a evitar problemas financeiros e garantir a continuidade das operações.

3. Quais são suas estratégias para aumentar a receita?

Aumentar a receita é um objetivo central para a maioria dos negócios. Reflita sobre suas estratégias para impulsionar as vendas e expandir suas fontes de receita. Você está explorando novos mercados, desenvolvendo novos produtos ou serviços, ou aumentando as vendas para clientes existentes? Como você se identifica e aproveita oportunidades de crescimento? Desenvolver uma abordagem estratégica para aumentar a receita pode ajudar a impulsionar o crescimento e a sustentabilidade do seu negócio.

4. Como você controla os custos operacionais sem comprometer a qualidade?

Controlar os custos operacionais é crucial para manter a rentabilidade, mas é importante garantir que a qualidade não seja comprometida. Reflita sobre suas práticas de controle de custos. Quais métodos você utiliza para identificar e reduzir despesas bancárias? Como você equilibra a eficiência de custos com a manutenção da qualidade de seus produtos ou serviços? Desenvolver estratégias eficazes de controle de custos pode melhorar sua margem de lucro e garantir a sustentabilidade a longo prazo.

5. Quais são suas principais fontes de financiamento para o crescimento do negócio?

Obter financiamento adequado é essencial para apoiar o crescimento do seu negócio. Reflita sobre suas principais fontes de financiamento. Você utiliza capital próprio, empréstimos bancários, investidores, financiamento coletivo ou outras fontes? Como você avalia as opções de financiamento e escolhe a melhor para suas necessidades? Desenvolver uma estratégia de financiamento robusta pode fornecer os recursos necessários para expandir suas operações e atingir seus objetivos de crescimento.

6. Como você planeja e gerencia o orçamento anual do seu negócio?

O planejamento e a gestão do orçamento anual são fundamentais para o controle financeiro. Reflita sobre suas práticas de orçamento. Como você define suas metas financeiras e aloca recursos para diferentes áreas do negócio? Quais métodos você utiliza para monitorar e ajustar o orçamento ao longo do ano? Desenvolver um processo de orçamento eficaz pode ajudar a garantir que seus recursos sejam utilizados de maneira eficiente e que seu negócio esteja preparado para enfrentar desafios financeiros.

7. Como você avalia a rentabilidade de diferentes produtos ou serviços?

Avaliar a rentabilidade de seus produtos ou serviços é essencial para tomar decisões informadas sobre onde investir seus recursos. Reflita sobre suas práticas de análise de rentabilidade. Quais métricas você utiliza para medir o desempenho financeiro de cada produto ou serviço? Como você identifica quais são os mais rentáveis e quais precisam de ajustes? Desenvolver uma análise de rentabilidade detalhada pode ajudar a otimizar seu portfólio de produtos e maximizar sua margem de lucro.

8. Como você gerencia a quitação de suas dívidas?

Gerenciar a quitação das dívidas de maneira eficaz é crucial para manter a saúde financeira do seu negócio. Reflita sobre suas práticas de gestão de dívidas. Como você avalia e monitora seu nível de quitação? Quais estratégias você utiliza para garantir que suas dívidas sejam sustentáveis e bem administradas? Desenvolver práticas sólidas de gestão de patrimônio pode ajudar a evitar problemas financeiros e garantir que seu negócio tenha os recursos necessários para crescer.

9. Como você se prepara para imprevistos financeiros?

Preparar-se para imprevistos financeiros é uma parte importante da gestão de riscos. Reflita sobre suas estratégias para criar um fundo de emergência ou outras formas de proteção financeira. Como você garante que seu negócio está pronto para enfrentar crises financeiras ou flutuações inesperadas no mercado? Desenvolver um plano de contingência financeira pode ajudar a garantir que você possa lidar com desafios imprevistos sem comprometer a estabilidade do seu negócio.

10. Como você utiliza a análise financeira para tomar decisões estratégicas?

A análise financeira é uma ferramenta poderosa para informar suas decisões estratégicas. Reflita sobre como você utiliza dados financeiros para avaliar oportunidades, identificar riscos e desenvolver estratégias de crescimento. Quais ferramentas e técnicas de análise você utiliza, como análise de balanço, fluxo de caixa descontado ou análise de rentabilidade? Desenvolver habilidades de análise financeira pode ajudar a garantir que suas decisões sejam baseadas em dados sólidos e em uma compreensão clara da situação financeira do seu negócio.

11. Como você avalia o desempenho financeiro de sua empresa em relação ao mercado?

Comparar o desempenho financeiro de sua empresa com o mercado pode fornecer insights valiosos sobre sua competitividade. Reflita sobre como você realiza essa avaliação. Quais benchmarks e indicadores você utiliza para comparar seu desempenho com outras empresas do setor? Como você identifica áreas de melhoria e oportunidades de crescimento com base nessas comparações? Desenvolver uma compreensão clara de sua posição no mercado pode ajudar a informar suas estratégias de crescimento e a garantir que você esteja competindo de maneira eficaz.

12. Como você lida com a sazonalidade e as flutuações da receita?

A sazonalidade e as flutuações de receita são desafios comuns para muitos negócios. Reflita sobre suas estratégias para gerenciar essas variações. Como você planeja e ajusta suas operações para lidar com períodos de alta e baixa demanda? Quais práticas você implementou para garantir que seu fluxo de caixa fique estável durante as flutuações? Desenvolver uma abordagem proativa para gerenciar a sazonalidade pode ajudar a garantir a estabilidade financeira e a continuidade das operações ao longo do ano.

13. Como você incentiva a inovação financeira dentro de sua empresa?

A inovação financeira pode ajudar a melhorar a eficiência, reduzir custos e comprometer o crescimento. Reflita sobre como você incentiva novas ideias e abordagens para a gestão financeira. Quais práticas e políticas você implementa para promover a inovação, como a adoção de novas tecnologias ou métodos de análise financeira? Desenvolver uma cultura de inovação financeira pode ajudar sua empresa a se manter ágil e competitiva em um mercado em constante mudança.

14. Como você planeja o crescimento sustentável do seu negócio?

O crescimento sustentável é crucial para garantir que sua empresa possa se expandir sem comprometer sua estabilidade financeira. Reflita sobre suas estratégias para planejar e gerenciar o crescimento. Como você identifica e avalia oportunidades de negócios? Quais métodos você utiliza para garantir que o crescimento seja bem gerenciado e sustentável a longo prazo? Desenvolver um plano de crescimento sustentável pode ajudar a garantir que sua empresa possa aproveitar oportunidades de expansão sem correr riscos excessivos.

15. Como você mede o retorno sobre investimento (ROI) de seus projetos e iniciativas?

Medir o retorno sobre investimento é essencial para avaliar a eficácia de seus projetos e iniciativas. Reflita sobre suas práticas de medição de ROI. Quais métodos e métricas você utiliza para calcular o retorno de seus investimentos? Como você utiliza essas informações para tomar decisões sobre futuros projetos? Desenvolver uma abordagem rigorosa para medir o ROI pode ajudar a garantir que seus recursos sejam alocados de maneira eficaz e que seus investimentos estejam gerando os resultados desejados.

16. Como você gerencia a escalabilidade do seu negócio?

A escalabilidade é a capacidade do seu negócio crescer de maneira eficiente e eficaz. Reflita sobre suas estratégias para gerenciar a escalabilidade. Quais sistemas e processos você implementou para garantir que sua empresa possa crescer sem enfrentar gargalos operacionais ou financeiros? Como você planeja e monitora a expansão para novos mercados ou segmentos? Desenvolver uma abordagem estratégica para a escalabilidade pode ajudar a garantir que seu negócio possa crescer de forma sustentável e bem-sucedida.

17. Como você aborda a sustentabilidade financeira e o impacto social de suas operações?

A sustentabilidade financeira e o impacto social são aspectos importantes da responsabilidade empresarial. Reflita sobre como você integra esses elementos em suas operações. Quais práticas você implementou para garantir que seu negócio seja financeiramente sustentável e tenha um impacto positivo na sociedade? Como você mede e comunica seu desempenho nessas áreas? Desenvolver uma abordagem equilibrada para a sustentabilidade financeira e o impacto social pode ajudar a melhorar o renome da sua empresa e a atrair clientes e talentos.

18. Como você utiliza a tecnologia para melhorar a gestão financeira?

A tecnologia pode ser uma ferramenta poderosa para melhorar a gestão financeira. Reflita sobre como você utiliza software e outras ferramentas tecnológicas para gerenciar suas finanças. Quais sistemas você utiliza para contabilidade, gestão de fluxo de caixa, previsão financeira e análise de dados? Como você garante que sua equipe está capacitada para utilizar essas tecnologias de maneira eficaz? Desenvolver uma abordagem tecnológica para a gestão financeira pode aumentar a eficiência, reduzir erros e fornecer insights mais precisos e acionáveis.

19. Como você avalia e gerencia o risco financeiro?

Gerenciar o risco financeiro é essencial para proteger sua empresa contra imprevistos. Reflita sobre suas práticas de avaliação e gerenciamento de risco. Quais tipos de riscos financeiros você monitora, como risco de crédito, risco de mercado e risco operacional? Quais estratégias você implementa para mitigar esses riscos, como seguros, diversificação e controles internos? Desenvolver uma abordagem proativa para gerenciar o risco financeiro pode ajudar a garantir a estabilidade e a resiliência do seu negócio em tempos de incerteza.

20. Como você planeja a sucessão e continuidade do negócio?

O planejamento de sucesso e continuidade é crucial para garantir que seu negócio possa continuar operando com sucesso, mesmo após mudanças de liderança. Reflita sobre suas estratégias para preparar a próxima geração de líderes. Quais são os planos e processos que você implementa para identificar e desenvolver sucessores? Como você garante a transferência de conhecimento e a manutenção da cultura empresarial? Desenvolver um plano de governança robusto pode ajudar a garantir uma transição suave e a continuidade das operações, preservando o legado do seu negócio.

21. Como você gerencia os investimentos em inovação e tecnologia?

Investir em inovação e tecnologia é essencial para manter a competitividade e o crescimento. Reflita sobre suas práticas de gestão de investimentos em tecnologia. Quais são os critérios que você utiliza para avaliar e priorizar esses investimentos? Como você mede o impacto e o retorno desses investimentos? Desenvolver uma estratégia clara para investir em inovação e tecnologia pode ajudar a sua empresa a se manter à frente da concorrência e a melhorar a eficiência operacional.

22. Como você avalia o impacto das tendências econômicas globais no seu negócio?

As tendências econômicas globais podem ter um impacto significativo no desempenho do seu negócio. Reflita sobre como você monitora e avalia essas tendências. Quais fontes de informações econômicas você utiliza para monitorar o mercado? Como você ajusta suas estratégias financeiras e operacionais em resposta às mudanças econômicas? Desenvolver uma compreensão das tendências econômicas globais pode ajudar a preparar seu negócio para enfrentar desafios e aproveitar oportunidades no mercado global.

23. Como você gerencia o relacionamento com investidores e acionistas?

A gestão eficaz da relação com investidores e acionistas é crucial para manter a confiança e o apoio financeiro. Reflita sobre suas práticas de comunicação e gestão com esses stakeholders. Como você garante a transparência e a prestação de contas? Quais informações você fornece regularmente para manter os investidores informados sobre o desempenho e as perspectivas da empresa? Desenvolver uma relação sólida com investidores e acionistas pode ajudar a garantir o acesso contínuo ao capital e a fortalecer a posição financeira da sua empresa.

24. Como você promove a eficiência financeira em toda a organização?

Promover a eficiência financeira é fundamental para maximizar a rentabilidade e a sustentabilidade. Reflita sobre suas práticas para garantir que toda a organização esteja focada na eficiência financeira. Quais iniciativas você implementa para identificar e eliminar desperdícios? Como você incentiva uma cultura de responsabilidade financeira entre os funcionários? Desenvolver uma abordagem holística para a eficiência financeira pode ajudar a economizar recursos, reduzir custos e melhorar a margem de lucro.

25. Como você avalia e ajusta suas estratégias financeiras com base em feedback e desempenho?

A avaliação e o ajuste contínuo de suas estratégias financeiras são essenciais para garantir que você esteja no caminho certo para atingir seus objetivos. Reflita sobre como você coleta e utiliza feedback e dados de desempenho para informar suas decisões financeiras. Quais métodos você utiliza para avaliar o sucesso de suas estratégias? Como você faz ajustes com base nas informações solicitadas? Desenvolver um processo de avaliação e ajuste contínuo pode ajudar a garantir que suas estratégias financeiras sejam eficazes e aplicáveis com seus objetivos de longo prazo.

26. Como você equilibra o crescimento agressivo com a prudência financeira?

Encontrar o equilíbrio entre crescimento agressivo e prudência financeira é um desafio comum para muitos negócios. Reflita sobre como você aborda esse equilíbrio. Quais são os sinais de alerta que indicam que você está crescendo rápido demais? Como você garante que seu crescimento seja sustentável e bem gerenciado? Desenvolver uma abordagem equilibrada pode ajudar sua empresa a crescer de maneira saudável, sem comprometer a estabilidade financeira.

27. Como você utiliza benchmarking financeiro para melhorar a performance?

O benchmarking financeiro é uma ferramenta útil para comparar seu desempenho com o de outras empresas do setor. Reflita sobre suas práticas de benchmarking. Quais indicadores financeiros você compara e como você usa essas comparações para identificar áreas de melhoria? Como você ajusta suas estratégias com base nos resultados do benchmarking? Desenvolver uma abordagem sistemática para o benchmarking pode ajudar sua empresa a se manter competitiva e a melhorar continuamente seu desempenho financeiro.

28. Como você monitora a transição de fases de crescimento do negócio?

Gerenciar a transição entre diferentes fases de crescimento é crucial para o sucesso contínuo. Reflita sobre como você planeja e gerencia essas transições. Quais são os desafios e oportunidades específicas de cada fase de crescimento? Como você ajusta suas estratégias financeiras e operacionais para se adaptar a essas mudanças? Desenvolver uma abordagem proativa para gerenciar transições pode ajudar sua empresa a navegar por períodos de crescimento e mudança com sucesso.

29. Como você aborda a questão da alavancagem financeira?

A alavancagem financeira pode ser uma ferramenta poderosa para impulsionar o crescimento, mas também aumenta os riscos. Reflita sobre suas práticas de uso de alavancagem. Quais são os critérios que você utiliza para decidir quando e quanto alavancar? Como você monitora os riscos associados à alavancagem? Desenvolver uma abordagem cautelosa e controlada para a alavancagem financeira pode ajudar sua empresa a aproveitar oportunidades de crescimento, ao mesmo tempo em que minimiza os riscos financeiros.

30. Como você garante a integridade e a conformidade financeira da sua empresa?

A integridade e a conformidade financeira são essenciais para manter a confiança dos stakeholders e evitar problemas legais. Reflita sobre suas práticas de governança financeira. Quais controles internos e políticas você implementou para garantir a conformidade com regulamentos financeiros? Como você monitora e audita as práticas financeiras da sua empresa? Desenvolver um sistema robusto de integridade e conformidade financeira pode ajudar a proteger a reputação da sua empresa e a garantir sua sustentabilidade a longo prazo.

31. Como você planeja a sucessão de liderança financeira na sua empresa?

O planejamento da sucessão de liderança financeira é crucial para garantir a continuidade e a estabilidade. Reflita sobre suas estratégias para preparar a próxima geração de líderes financeiros. Quais são os critérios para identificar e desenvolver sucessores? Como você garante a transferência de conhecimento e habilidades essenciais? Desenvolver um plano de sucessão de liderança financeira pode ajudar a sua empresa a enfrentar transições de liderança de maneira suave e eficaz.

32. Como você gerencia a diversificação de investimentos da sua empresa?

A diversificação de investimentos é uma estratégia importante para mitigar riscos e aumentar retornos. Reflita sobre suas práticas de diversificação. Quais tipos de investimentos você considera e como você equilibra risco e retorno? Como você monitora e ajusta sua carteira de investimentos? Desenvolver uma estratégia de diversificação bem pensada pode ajudar a proteger os ativos da sua empresa e a maximizar o crescimento financeiro.

33. Como você utiliza a análise preditiva para informar suas decisões financeiras?

A análise preditiva pode fornecer insights valiosos para a tomada de decisões financeiras. Reflita sobre como você utiliza ferramentas de análise preditiva. Quais dados e modelos você utiliza para prever tendências e resultados financeiros? Como você integra esses insights em suas estratégias de planejamento e gestão? Desenvolver uma abordagem baseada em análise preditiva pode ajudar a sua empresa a antecipar desafios e a aproveitar oportunidades de maneira proativa.

34. Como você gerencia o impacto de fatores macroeconômicos no seu negócio?

Fatores macroeconômicos, como taxas de juros, inflação e políticas governamentais, podem impactar significativamente o desempenho do seu negócio. Reflita sobre como você monitora e gerencia esses fatores. Quais fontes de informações econômicas você utiliza e como você ajusta suas estratégias financeiras em resposta a mudanças macroeconômicas? Desenvolver uma compreensão das influências macroeconômicas pode ajudar a sua empresa a navegar por um ambiente econômico em constante mudança.

35. Como você promove a transparência financeira dentro da sua empresa?

A transparência financeira é essencial para construir confiança e facilitar a tomada de decisões informadas. Reflita sobre suas práticas de comunicação financeira. Como você garante que informações financeiras importantes sejam compartilhadas de maneira clara e acessível com os stakeholders? Quais são os canais e métodos que você utiliza para promover a transparência? Desenvolver uma cultura de transparência financeira pode fortalecer a confiança e a colaboração dentro da sua empresa.

36. Como você aborda a questão da sustentabilidade ambiental e financeira?

A sustentabilidade ambiental e financeira são interdependentes e cruciais para o sucesso a longo prazo. Reflita sobre suas práticas para integrar sustentabilidade ambiental em suas operações financeiras. Quais iniciativas você implementou para reduzir o impacto ambiental e ao mesmo tempo garantir a viabilidade financeira? Como você mede e comunica seu desempenho nessas áreas? Desenvolver uma abordagem integrada para a sustentabilidade pode melhorar o renome da sua empresa e atrair clientes e investidores preocupados com questões ambientais.

37. Como você gerencia o capital de giro da sua empresa?

O capital de giro é essencial para manter o patrimônio líquido e a operação contínua do negócio. Reflita sobre suas práticas de gestão de capital de giro. Quais são as estratégias que você utiliza para equilibrar entradas e saídas de caixa? Como você otimiza a gestão de estoque, contas a receber e contas a pagar? Desenvolver uma abordagem eficaz para a gestão do capital de giro pode ajudar a garantir que sua empresa tenha os recursos necessários para operar e crescer.

38. Como você utiliza inteligência artificial e machine learning para aprimorar a gestão financeira?

A inteligência artificial e o machine learning têm o potencial de transformar a gestão financeira. Reflita sobre como você utiliza essas tecnologias. Quais aplicações você implementa para análise de dados, previsão financeira e automação de processos? Como você garante que sua equipe está capacitada para utilizar essas ferramentas? Desenvolver uma abordagem tecnológica avançada pode melhorar a precisão e a eficiência da gestão financeira.

39. Como você avalia o impacto das mudanças regulatórias em sua gestão financeira?

As mudanças regulatórias podem ter um impacto significativo nas práticas financeiras. Reflita sobre como você monitora e se adapta a novas regulamentações. Quais são suas fontes de informações regulatórias e como você garante a conformidade? Desenvolver uma abordagem proativa para a gestão de mudanças regulatórias pode ajudar sua empresa a evitar penalidades e a se manter competitiva.

40. Como você gerencia as relações com fornecedores e parceiros financeiros?

Gerenciar relações eficazes com fornecedores e parceiros financeiros é crucial para o sucesso operacional. Reflita sobre suas práticas de gestão de relacionamento. Quais são os critérios para selecionar e avaliar fornecedores? Como você mantém uma comunicação aberta e construtiva com seus parceiros financeiros? Desenvolver relações fortes e colaborativas pode ajudar sua empresa a garantir termos confiáveis e a construir uma rede de suporte confiável.

Capítulo 7: Inovação e Adaptação

No mundo empresarial dinâmico de hoje, a capacidade de inovar e se adaptar é essencial para o sucesso sustentável. A inovação permite que as empresas se diferenciem no mercado, enquanto a adaptação garante que elas possam responder rapidamente às mudanças e desafios. Este capítulo é dedicado a explorar como você pode fomentar a inovação e a adaptação dentro de sua organização. Por meio de perguntas reflexivas, você será orientado a identificar oportunidades de inovação, superar barreiras e desenvolver uma cultura empresarial que valorize a agilidade e a criatividade.

1. Como você se mantém atualizado sobre as tendências do mercado?

Manter-se atualizado sobre as tendências do mercado é crucial para identificar novas oportunidades e se preparar para mudanças. Reflita sobre suas práticas de monitoramento do mercado. Quais fontes de informação você utiliza, como relatórios de mercado, publicações da indústria e conferências? Como você integra essas informações em suas estratégias de negócios? Desenvolver um sistema eficaz para monitorar as tendências pode ajudar sua empresa a se antecipar às mudanças e a capitalizar novas oportunidades.

2. Quais inovações você implementou recentemente no seu negócio?

A inovação contínua é essencial para manter a competitividade. Reflita sobre as inovações que você implementou recentemente em sua empresa. Quais foram as motivações por trás dessas inovações e quais benefícios elas trouxeram? Como você mede o sucesso dessas iniciativas? Analisar suas inovações recentes pode fornecer insights valiosos sobre o que funciona bem e onde há espaço para melhorias.

3. Como você envolve sua equipe no processo de inovação?

Envolver sua equipe no processo de inovação pode gerar ideias diversificadas e aumentar o engajamento. Reflita sobre suas práticas para promover a participação da equipe na inovação. Quais métodos você utiliza para incentivar a geração de ideias, como sessões de brainstorming, hackathons ou programas de sugestão? Como você garante que todos os membros da equipe se sintam à vontade para compartilhar suas ideias? Desenvolver uma cultura que valorize a contribuição de todos pode fortalecer a criatividade e a inovação em sua empresa.

4. Como você reage às mudanças no mercado?

A capacidade de reagir rapidamente às mudanças no mercado é essencial para a adaptação. Reflita sobre como você monitora e responde a essas mudanças. Quais são os sinais de alerta que você está monitorando para antecipar mudanças? Como você ajusta suas estratégias e operações em resposta a novas condições de mercado? Desenvolver uma abordagem ágil para a adaptação pode ajudar sua empresa a se manter competitiva e resiliente em um ambiente em constante evolução.

5. Quais são as principais barreiras à inovação que você enfrenta?

Identificar e superar as barreiras à inovação é crucial para fomentar um ambiente criativo. Reflita sobre os desafios que você enfrenta ao tentar implementar novas ideias. Quais são as principais barreiras, como resistência à mudança, falta de recursos ou cultura organizacional? Como você pode abordar e mitigar essas barreiras? Desenvolver estratégias para superar obstáculos à inovação pode ajudar a liberar o potencial criativo de sua equipe e a impulsionar o crescimento.

6. Como você incentiva a experimentação e a tomada de riscos calculados?

A experimentação e a tomada de riscos calculados são fundamentais para a inovação. Reflita sobre como você incentiva sua equipe a experimentar novas ideias e a assumir riscos. Quais práticas você implementa para criar um ambiente seguro para experimentação, como prototipagem rápida, testes A/B ou pequenos projetos-piloto? Como você equilibra a necessidade de inovação com a gestão de riscos? Promover uma cultura que valorize a experimentação pode ajudar a descobrir novas soluções e a impulsionar a inovação.

7. Como você mede e avalia o impacto das iniciativas de inovação?

Medir e avaliar o impacto das iniciativas de inovação é essencial para garantir seu sucesso. Reflita sobre suas práticas de avaliação. Quais métricas você utiliza para medir o sucesso das inovações, como retorno sobre investimento, satisfação do cliente ou impacto no mercado? Como você coleta e analisa esses dados? Desenvolver um sistema de avaliação robusto pode fornecer insights valiosos e ajudar a ajustar suas estratégias de inovação para melhorar os resultados.

8. Como você integra a inovação em sua estratégia de negócios?

A inovação deve ser um componente central de sua estratégia de negócios. Reflita sobre como você incorpora a inovação em seu planejamento estratégico. Quais são os objetivos e metas de inovação que você define? Como você garante que a inovação seja uma prioridade em todas as áreas da empresa? Integrar a inovação em sua estratégia pode ajudar a garantir que sua empresa esteja sempre buscando novas oportunidades e se adaptando às mudanças no mercado.

9. Como você gerencia o portfólio de inovação?

Gerenciar um portfólio de inovação é essencial para equilibrar diferentes iniciativas e recursos. Reflita sobre suas práticas de gestão de portfólio. Como você avalia e prioriza diferentes projetos de inovação? Quais critérios você utiliza para decidir quais iniciativas devem receber recursos? Como você monitora e ajusta seu portfólio ao longo do tempo? Desenvolver uma abordagem estratégica para a gestão de portfólio pode ajudar a maximizar o impacto de suas iniciativas de inovação.

10. Como você desenvolve uma cultura de inovação dentro da sua empresa?

Desenvolver uma cultura de inovação é crucial para sustentar o crescimento e a criatividade. Reflita sobre suas práticas para promover uma cultura que valorize a inovação. Quais são os valores e comportamentos que você incentiva? Como você reconhece e recompensa a inovação? Desenvolver uma cultura de inovação pode ajudar a atrair e reter talentos criativos, além de fomentar um ambiente onde novas ideias podem florescer.

11. Como você utiliza a tecnologia para impulsionar a inovação?

A tecnologia pode ser um catalisador poderoso para a inovação. Reflita sobre como você utiliza tecnologias emergentes para impulsionar a inovação em sua empresa. Quais tecnologias você implementou recentemente, como inteligência artificial, blockchain ou IoT (Internet das Coisas)? Como você garante que sua equipe está capacitada para utilizar essas tecnologias de maneira eficaz? Desenvolver uma abordagem tecnológica para a inovação pode ajudar a sua empresa a se manter à frente da concorrência e a explorar novas oportunidades.

12. Como você promove a colaboração e o compartilhamento de conhecimento dentro da sua empresa?

A colaboração e o compartilhamento de conhecimento são essenciais para a inovação. Reflita sobre como você promove a colaboração entre diferentes departamentos e equipes. Quais práticas e ferramentas você utiliza para facilitar a comunicação e o compartilhamento de ideias, como plataformas de colaboração online, workshops interdepartamentais ou comunidades de prática? Desenvolver um ambiente colaborativo pode ajudar sua empresa a aproveitar a diversidade de conhecimentos e experiências, impulsionando a inovação.

13. Como você identifica e explora oportunidades de inovação no mercado?

Identificar e explorar oportunidades de inovação no mercado é crucial para o crescimento. Reflita sobre suas práticas de pesquisa e desenvolvimento. Quais métodos você utiliza para identificar novas oportunidades, como análise de mercado, pesquisa de clientes ou observação de tendências? Como você desenvolve e testa novas ideias para capitalizar essas oportunidades? Desenvolver uma abordagem sistemática para a identificação e exploração de oportunidades pode ajudar sua empresa a se manter competitiva e a crescer.

14. Como você gerencia a propriedade intelectual e protege suas inovações?

Proteger a propriedade intelectual é essencial para garantir que suas inovações possam ser rentabilizadas e defendidas contra concorrentes. Reflita sobre suas práticas de gestão de propriedade intelectual. Quais medidas você toma para proteger suas invenções, marcas e direitos autorais? Como você gerencia o portfólio de propriedade intelectual e garante que ele seja utilizado de maneira estratégica? Desenvolver uma abordagem robusta para a gestão de propriedade intelectual pode ajudar sua empresa a proteger seus ativos e a maximizar o valor de suas inovações.

15. Como você integra feedback dos clientes em suas iniciativas de inovação?

O feedback dos clientes é uma fonte valiosa de insights para a inovação. Reflita sobre como você coleta e utiliza o feedback dos clientes para informar suas iniciativas de inovação. Quais métodos você utiliza para obter feedback, como pesquisas, entrevistas ou grupos focais? Como você integra essas informações em seus processos de desenvolvimento de produtos e serviços? Desenvolver uma abordagem centrada no cliente para a inovação pode ajudar a garantir que suas inovações atendam às necessidades e expectativas do mercado.

16. Como você lida com o fracasso e aprende com ele?

O fracasso é uma parte inevitável do processo de inovação, mas também é uma oportunidade valiosa de aprendizado. Reflita sobre suas práticas para lidar com o fracasso. Como você aborda e analisa os fracassos em suas iniciativas de inovação? Quais lições você aprende e como você aplica esses aprendizados em projetos futuros? Desenvolver um conhecimento avançado pode ajudar a transformar fracassos em oportunidades de melhoria e a fortalecer a cultura de inovação.

17. Como você garante a sustentabilidade de suas inovações?

Garantir que suas inovações sejam sustentáveis é crucial para o sucesso a longo prazo. Reflita sobre suas práticas para avaliar a sustentabilidade de suas inovações. Quais critérios você utiliza para garantir que suas inovações sejam ambientalmente e socialmente responsáveis? Como você mede o impacto de suas inovações nessas áreas? Desenvolver uma abordagem sustentável para a inovação pode ajudar sua empresa a construir um reconhecimento positivo e a atrair clientes e parceiros que valorizam a responsabilidade social e ambiental.

18. Como você gerencia a mudança organizacional para suportar a inovação?

Gerenciar a mudança organizacional é essencial para implementar inovações com sucesso. Reflita sobre suas práticas de gestão de mudança. Como você comunica a necessidade de mudança e envolve sua equipe no processo? Quais métodos você utiliza para garantir que as mudanças sejam adotadas de maneira eficaz e sustentável? Desenvolver habilidades de gestão de mudança pode ajudar sua empresa a se adaptar rapidamente às novas condições e a implementar inovações de maneira bem-sucedida.

19. Como você alinha suas inovações com a estratégia geral da empresa?

Alinhar suas inovações com a estratégia geral da empresa é crucial para garantir que elas contribuam para os objetivos de longo prazo. Reflita sobre como você garante que suas iniciativas de inovação estejam incluídas na missão, visão e metas estratégicas da empresa. Quais processos você utiliza para integrar a inovação em seu planejamento estratégico? Desenvolver uma abordagem integrada pode ajudar a garantir que suas inovações suportem e fortaleçam a estratégia geral da empresa.

20. Como você mede o impacto das inovações em seus processos operacionais?

Medir o impacto das inovações em seus processos operacionais é essencial para avaliar seu sucesso. Reflita sobre como você avalia as melhorias operacionais resultantes de suas inovações. Quais métricas você utiliza para medir a eficiência, a produtividade e a qualidade? Como você coleta e analisa esses dados para tomar decisões informadas? Desenvolver um sistema de medição robusto pode ajudar a garantir que suas inovações estejam contribuindo para a melhoria contínua de seus processos operacionais.

21. Como você fomenta a criatividade em sua equipe?

Fomentar a criatividade é essencial para impulsionar a inovação. Reflita sobre suas práticas para incentivar a criatividade dentro de sua equipe. Quais são os ambientes, atividades e incentivos que você utiliza para transmitir o pensamento criativo? Como você garante que sua equipe tenha tempo e espaço para explorar novas ideias? Desenvolver um ambiente que valorize e promova a criatividade pode ajudar sua empresa a gerar soluções inovadoras e se diferenciar no mercado.

22. Como você integra a inovação aberta em sua estratégia?

A inovação aberta pode trazer novas perspectivas e ideias para sua empresa. Reflita sobre como você integra a colaboração externa em suas iniciativas de inovação. Quais parcerias e colaborações você estabelece com outras empresas, universidades, startups ou comunidades? Como você gerencia e protege a propriedade intelectual nessas colaborações? Desenvolver uma abordagem de inovação aberta pode ajudar sua empresa a acessar novas fontes de conhecimento e a acelerar o desenvolvimento de inovações.

23. Como você garante a agilidade em suas operações para suportar a inovação?

A agilidade operacional é crucial para implementar inovações de forma rápida e eficaz. Reflita sobre suas práticas para garantir a segurança em suas operações. Quais métodos e ferramentas você utiliza para promover a flexibilidade e a capacidade de resposta rápida? Como você equilibra a necessidade de agilidade com a manutenção de processos estáveis e eficientes? Desenvolver uma abordagem ágil pode ajudar sua empresa a se adaptar rapidamente às mudanças e a aproveitar oportunidades de inovação.

24. Como você utiliza a análise de dados para informar suas iniciativas de inovação?

A análise de dados pode fornecer insights valiosos para a inovação. Reflita sobre como você utiliza dados para informar suas iniciativas de inovação. Quais fontes de dados você coleta e como você analisa esses dados para identificar oportunidades e tendências? Como você integra esses insights em seu processo de desenvolvimento de produtos e serviços? Desenvolver uma abordagem baseada em dados pode ajudar sua empresa a tomar decisões mais informadas e a impulsionar a inovação de maneira eficaz.

25. Como você comemora e reconhece as conquistas de inovação em sua empresa?

Celebrar e reconhecer as conquistas de inovação é crucial para manter a motivação e o engajamento. Reflita sobre suas práticas para celebrar e reconhecer as contribuições inovadoras de sua equipe. Quais são as formas de reconhecimento e recompensa que você utiliza? Como você compartilha as histórias de sucesso de inovação dentro e fora da empresa? Desenvolver uma cultura de reconhecimento pode ajudar a fortalecer a motivação, incentivar a inovação contínua e a construir um senso de orgulho e pertencimento entre os funcionários.

Capítulo 8: Desenvolvimento Pessoal e Aprendizado Contínuo

O desenvolvimento pessoal e o aprendizado contínuo são essenciais para o crescimento sustentável e o sucesso no mundo dos negócios. À medida que o mercado e as demandas dos clientes evoluem, é crucial que empresários e líderes também se adaptem e aprimorem suas habilidades. Este capítulo é dedicado a explorar as práticas e estratégias que podem ajudar você a se desenvolver ativamente e a aprender continuamente. Por meio de perguntas reflexivas, você será orientado a identificar áreas de melhoria, buscar novas oportunidades de aprendizado e integrar esses conhecimentos em sua vida profissional e pessoal.

1. Quais habilidades você precisa desenvolver para atingir seus objetivos?

Identificar as habilidades que você precisa desenvolver é o primeiro passo para o crescimento pessoal. Reflita sobre seus objetivos de curto e longo prazo. Quais competências são essenciais para atingir esses objetivos? Podem ser habilidades de liderança, comunicação, gestão de tempo ou conhecimento técnico específico. Desenvolver um plano de aprendizado focado nessas áreas pode ajudá-lo a progredir de maneira eficaz e a superar desafios no caminho para o sucesso.

2. Como você busca oportunidades de aprendizado contínuo?

O aprendizado contínuo é fundamental para se manter competitivo e relevante. Reflita sobre como você busca novas oportunidades de aprendizado. Você participa de cursos, workshops, seminários ou conferências? Como você aproveita recursos online, como webinars, podcasts e cursos de e-learning? Desenvolver uma abordagem proativa para o aprendizado contínuo pode ajudá-lo a adquirir novas habilidades e conhecimentos que são essenciais para o crescimento e a inovação.

3. Quais livros, cursos ou mentores tiveram maior impacto em sua carreira?

Livros, cursos e mentores podem ter um impacto significativo no seu desenvolvimento pessoal e profissional. Reflita sobre os recursos e pessoas que mais influenciaram sua trajetória. Quais foram as principais lições que você aprendeu e como você aplicou esses conhecimentos em sua vida? Identificar esses influenciadores pode ajudar a orientar suas futuras escolhas de aprendizado e a buscar novas fontes de inspiração e conhecimento.

4. Como você aplica novos conhecimentos no seu negócio?

Adquirir novos conhecimentos é importante, mas aplicá-los de maneira eficaz é crucial para obter resultados tangíveis. Reflita sobre como você integra novos aprendizados em suas práticas de negócios. Quais métodos você utiliza para testar e implementar novas ideias e estratégias? Como você mede o impacto dessas mudanças? Desenvolver uma abordagem prática para aplicar novos conhecimentos pode ajudar a melhorar seus processos e a atingir seus objetivos de maneira mais eficiente.

5. Quais são suas metas de desenvolvimento pessoal para o próximo ano?

Estabelecer metas claras de desenvolvimento pessoal é essencial para o crescimento contínuo. Reflita sobre as áreas em que você deseja se aprimorar no próximo ano. Quais habilidades ou conhecimentos você quer adquirir? Quais são os passos específicos que você vai tomar para alcançar essas metas? Desenvolver um plano de ação para o desenvolvimento pessoal pode ajudá-lo a manter o foco e a motivação, garantindo que você esteja sempre progredindo em direção ao seu melhor eu.

6. Como você equilibra o aprendizado com suas responsabilidades diárias?

Equilibrar o aprendizado contínuo com as responsabilidades oferecidas pode ser desafiador. Reflita sobre suas práticas para garantir que você esteja dedicando tempo suficiente para o desenvolvimento pessoal, sem comprometer suas responsabilidades profissionais e pessoais. Quais técnicas você utiliza para gerenciar seu tempo de forma eficaz, como a definição de prioridades, a criação de uma rotina de estudo ou a reserva de tempo específica para o aprendizado? Desenvolver um equilíbrio saudável pode ajudá-lo a maximizar seu potencial e a alcançar um crescimento sustentável.

7. Como você busca e utiliza feedback para melhorar suas habilidades?

O feedback é uma ferramenta valiosa para o desenvolvimento pessoal e profissional. Reflita sobre como você busca e utiliza feedback para melhorar suas habilidades. Quais métodos você utiliza para obter feedback, como avaliações de desempenho, conversas informais ou pesquisas? Como você analisa e aplica esse feedback para promover melhorias? Desenvolver uma atitude receptiva ao feedback pode ajudá-lo a identificar áreas de melhoria e a tomar ações específicas para se aprimorar continuamente.

8. Como você identifica e supera suas limitações pessoais?

Identificar e superar limitações pessoais é crucial para o crescimento. Reflita sobre suas limitações e os desafios que você enfrenta. Quais são suas principais áreas de fraqueza e como elas impactam seu desempenho? Quais estratégias você utiliza para superar essas limitações, como o desenvolvimento de novas habilidades, a busca de mentoria ou a prática de técnicas de autogerenciamento? Desenvolver uma abordagem proativa para enfrentar suas limitações pode ajudá-lo a transformar fraquezas em forças e a alcançar seu pleno potencial.

9. Como você mantém a motivação para o aprendizado contínuo?

Manter a motivação para o aprendizado contínuo pode ser desafiador, especialmente quando surgem obstáculos. Reflita sobre suas práticas para manter a motivação. Quais são suas fontes de inspiração e como você as utiliza para se manter motivado? Como você comemora suas conquistas e reconhece seu progresso? Desenvolver um engajamento positivo e estratégias de motivação pode ajudá-lo a manter o foco no aprendizado e a continuar progredindo, mesmo diante de desafios.

10. Como você integra o desenvolvimento pessoal em sua cultura empresarial?

Integrar o desenvolvimento pessoal na cultura empresarial pode beneficiar toda a organização. Reflita sobre como você promove o aprendizado contínuo entre seus funcionários. Quais programas e iniciativas você implementa para incentivar o desenvolvimento pessoal, como treinamentos, workshops ou programas de mentoria? Como você cria um ambiente que valoriza e apoia o crescimento contínuo? Desenvolver uma cultura de desenvolvimento pessoal pode aumentar a motivação, a satisfação e a produtividade da equipe.

11. Como você avalia o impacto do desenvolvimento pessoal em seu desempenho?

Avaliar o impacto do desenvolvimento pessoal é essencial para entender seu valor e eficácia. Reflita sobre suas práticas de avaliação. Quais métricas você utiliza para medir o impacto do aprendizado contínuo em seu desempenho? Como você coleta e analisa esses dados? Desenvolver um sistema de avaliação pode ajudar a identificar o retorno sobre o investimento em desenvolvimento pessoal e a ajustar suas estratégias de aprendizado para maximizar os benefícios.

12. Como você busca equilíbrio entre crescimento profissional e bem-estar pessoal?

O equilíbrio entre crescimento profissional e bem-estar pessoal é crucial para a saúde e a satisfação a longo prazo. Reflita sobre suas práticas para manter esse equilíbrio. Quais são suas estratégias para garantir que você esteja cuidando de sua saúde mental e física enquanto busca o desenvolvimento profissional? Como você reserva tempo para atividades que promovam o bem-estar, como exercícios, hobbies e tempo com a família? Desenvolver um equilíbrio saudável pode ajudar a garantir que você esteja prosperando em todas as áreas da vida.

13. Como você utiliza o aprendizado contínuo para inovar em seu negócio?

O aprendizado contínuo pode ser uma fonte poderosa de inovação. Reflita sobre como você utiliza novos conhecimentos e habilidades para impulsionar a inovação em seu negócio. Quais métodos você utiliza para identificar oportunidades de inovação com base em seu aprendizado? Como você incentiva sua equipe a aplicar novos conhecimentos para desenvolver novas ideias e soluções? Desenvolver uma abordagem inovadora para o aprendizado pode ajudar sua empresa a se manter competitiva e a crescer.

14. Como você promove a aprendizagem colaborativa em sua equipe?

A aprendizagem colaborativa pode fortalecer a coesão da equipe e promover o crescimento coletivo. Reflita sobre suas práticas para incentivar a aprendizagem colaborativa. Quais iniciativas você implementou para promover o compartilhamento de conhecimento, como grupos de estudo, workshops interativos ou plataformas de colaboração online? Como você garante que todos os membros da equipe têm a oportunidade de aprender uns com os outros? Desenvolver uma cultura de aprendizagem colaborativa pode aumentar a criatividade, a inovação e a produtividade.

15. Como você mantém a mente aberta para novas ideias e perspectivas?

Manter a mente aberta é essencial para o crescimento pessoal e profissional. Reflita sobre suas práticas para garantir que você esteja sempre receptivo a novas ideias e perspectivas. Quais são suas fontes de inspiração e como você se expõe a diferentes pontos de vista? Como você desafia suas próprias crenças e preconceitos? Desenvolver um ingrediente aberto pode ajudar a identificar novas oportunidades, a resolver problemas de maneira criativa e a promover a inovação.

16. Como você utiliza a tecnologia para apoiar seu aprendizado contínuo?

A tecnologia pode ser uma ferramenta poderosa para o aprendizado contínuo. Reflita sobre como você utiliza ferramentas e plataformas tecnológicas para apoiar seu desenvolvimento pessoal. Quais aplicativos, cursos online, podcasts e outros recursos tecnológicos você utiliza? Como você integra essas tecnologias em sua rotina de aprendizado? Desenvolver uma abordagem tecnológica para o aprendizado pode aumentar a eficiência, a acessibilidade e a adaptação do seu desenvolvimento pessoal.

17. Como você busca aprendizado fora da sua área de especialização?

Aprender fora da sua área de especialização pode expandir seus horizontes e promover a inovação. Reflita sobre como você busca conhecimento em outras disciplinas. Quais são os benefícios que você encontrou ao explorar novas áreas de conhecimento? Como você aplica esses aprendizados no seu negócio? Desenvolver uma abordagem interdisciplinar para o aprendizado pode ajudar a identificar novas oportunidades e a trazer novas perspectivas para os desafios empresariais.

18. Como você promove a resiliência e a adaptabilidade através do aprendizado?

A resiliência e a adaptabilidade são habilidades cruciais num mundo em constante mudança. Reflita sobre como o aprendizado contínuo pode ajudar a desenvolver essas habilidades. Quais são as práticas de aprendizado que você utiliza para fortalecer sua resiliência e capacidade de adaptação? Como você incentiva sua equipe a desenvolver essas competências? Desenvolver um ingrediente resiliente e adaptável pode ajudar a enfrentar desafios de maneira eficaz e a prosperar em um ambiente dinâmico.

19. Como você mede o progresso em seu desenvolvimento pessoal?

Medir o progresso em seu desenvolvimento pessoal é importante para manter a motivação e ajustar suas estratégias. Reflita sobre suas práticas de medição. Quais são os indicadores que você utiliza para avaliar seu progresso, como a aquisição de novas habilidades, a realização de metas ou o feedback de colegas e mentores? Como você ajusta suas práticas de aprendizado com base nessas avaliações? Desenvolver um sistema de medição pode ajudar a garantir que você esteja sempre progredindo em direção aos seus objetivos.

20. Como você compartilha seus aprendizados com sua equipe e colegas?

Compartilhar aprendizados pode beneficiar toda a organização e promover um ambiente de crescimento coletivo. Reflita sobre suas práticas para compartilhar conhecimentos e experiências com sua equipe e colegas. Quais métodos você utiliza, como reuniões de equipe, entregas, artigos ou plataformas de colaboração? Como você garante que seus aprendizados são aplicáveis e úteis para os outros? Desenvolver uma cultura de compartilhamento de conhecimento pode fortalecer a coesão da equipe, promover a inovação e aumentar a eficácia organizacional.

21. Como você se mantém atualizado sobre as melhores práticas em sua área?

Manter-se atualizado sobre as melhores práticas é crucial para se manter competitivo. Reflita sobre como você acompanha as tendências e inovações em sua área. Quais são suas fontes de informações, como publicações especializadas, redes profissionais, conferências ou cursos de atualização? Como você aplica esses conhecimentos em seu trabalho? Desenvolver uma abordagem proativa para acompanhar as melhores práticas pode ajudar a garantir que você esteja sempre à frente das mudanças e tendências do mercado.

22. Como você integra o desenvolvimento pessoal em seus objetivos de carreira?

Integrar o desenvolvimento pessoal em seus objetivos de carreira é essencial para alcançar o sucesso a longo prazo. Reflita sobre como você alinha suas metas de aprendizado com suas aspirações profissionais. Quais são os passos específicos que você está tomando para garantir que seu desenvolvimento pessoal apoie seu crescimento de carreira? Como você avalia o progresso em direção a esses objetivos? Desenvolver uma abordagem integrada pode ajudar a garantir que seu desenvolvimento pessoal esteja sempre alinhado com suas metas de carreira.

23. Como você lida com os desafios e obstáculos no caminho do aprendizado?

Superar desafios e obstáculos é uma parte inevitável do processo de aprendizado. Reflita sobre suas práticas para lidar com dificuldades no caminho do desenvolvimento pessoal. Quais são os obstáculos mais comuns que você enfrenta e como você os supera? Quais estratégias de resiliência e perseverança você utiliza? Desenvolver habilidades para enfrentar desafios pode ajudar a manter a motivação e a garantir que você continue progredindo, mesmo diante das dificuldades.

24. Como você busca e mantém relacionamentos de mentoria?

A mentoria pode ser uma fonte valiosa de orientação e aprendizado. Reflita sobre suas práticas para buscar e manter relacionamentos de mentoria. Quais são os critérios que você utiliza para escolher mentores? Como você constrói e mantém esses relacionamentos? Quais benefícios você encontrou através da mentoria? Desenvolver uma rede de mentores pode fornecer suporte, insights e orientações valiosas ao longo de sua jornada de desenvolvimento pessoal.

25. Como você comemora suas conquistas de aprendizado?

Celebrar conquistas de aprendizado é importante para manter a motivação e reconhecer seu progresso. Reflita sobre como você celebra suas realizações em desenvolvimento pessoal. Quais são as formas de reconhecimento e recompensa que você utiliza? Como você compartilha essas conquistas com os outros? Desenvolver uma cultura de reconhecimento pode ajudar a fortalecer o comportamento positivo e a manter o foco no aprendizado contínuo.

Conclusão

Ao longo deste livro, exploramos diversas áreas essenciais para o sucesso empresarial, desde autoconhecimento e propósito até inovação e desenvolvimento pessoal. As perguntas estratégicas propostas foram concebidas para guiá-lo em uma jornada introspectiva e prática, visando ajudá-lo a entender melhor seu negócio, identificar áreas de melhoria e desenvolver estratégias eficazes para atingir seus objetivos. À medida que chegamos ao fim desta jornada, é importante refletir sobre as principais lições aprendidas e como você pode aplicar esses insights em sua trajetória empresarial.

Refletindo sobre a Jornada

A primeira etapa dessa jornada foi focada no autoconhecimento e no propósito. Compreender seus valores, motivações e missão é a base para qualquer empreendimento de sucesso. Ao alinhar suas ações com seu propósito, você não apenas aumenta sua motivação e resiliência, mas também cria um negócio que é autêntico e significativo. As perguntas desta seção foram elaboradas para ajudá-lo a explorar essas áreas fundamentais e a desenvolver uma visão clara para o seu negócio.

O planejamento e a estratégia foram os próximos focos. Um planejamento eficaz e uma estratégia bem definida são cruciais para orientar suas ações e decisões. Identificar objetivos claros, desenvolver planos de ação abrangentes e monitorar o progresso regularmente são práticas que podem garantir que você esteja no caminho certo para atingir seus objetivos de longo prazo. As perguntas desta seção visam fornecer uma estrutura para você desenvolver e ajustar suas estratégias conforme necessário.

A gestão de tempo e produtividade é outro aspecto crucial do sucesso empresarial. A capacidade de gerenciar seu tempo de maneira eficiente pode fazer a diferença entre o sucesso e o fracasso. Identificar prioridades, eliminar distrações e desenvolver sistemas de produtividade são práticas que podem aumentar significativamente sua eficiência. As perguntas desta seção foram escritas para ajudá-lo a otimizar seu tempo e maximizar sua produtividade.

Liderança e gestão de equipe são áreas que não podem ser negligenciadas. A liderança eficaz não é apenas sobre delegar tarefas, mas também sobre inspirar e motivar sua equipe. Desenvolver habilidades de liderança, promover uma cultura de colaboração e resolver conflitos de maneira construtiva são essenciais para criar um ambiente de trabalho positivo e produtivo. As perguntas desta seção foram elaboradas para ajudá-lo a refletir sobre seu estilo de liderança e a encontrar maneiras de fortalecer sua equipe.

No campo do marketing e vendas, explorar e aplicar estratégias eficazes é essencial para capturar e reter clientes. Entender seu público-alvo, comunicar claramente o valor de seus produtos ou serviços e desenvolver campanhas de marketing impactantes são práticas que podem impulsionar suas vendas e expandir sua presença no mercado. As perguntas desta seção visaram ajudá-lo a desenvolver uma abordagem de marketing e vendas que seja eficaz e sustentável.

A gestão financeira e o crescimento sustentável são pilares fundamentais para qualquer negócio. Compreender e controlar suas finanças, desenvolver estratégias de crescimento e gerenciar riscos são práticas que projetam a saúde e a longevidade do seu negócio. As perguntas desta seção foram propostas para ajudá-lo a desenvolver uma abordagem financeira robusta e a planejar o crescimento sustentável.

A inovação e a adaptação são essenciais num mercado em constante mudança. Fomentar a inovação, promover a experimentação e estar disposto a se adaptar rapidamente às mudanças do mercado são práticas que podem diferenciar seu negócio e garantir sua relevância a longo prazo. As perguntas desta seção foram escritas para incentivá-lo a explorar novas ideias e a desenvolver um potencial ágil e inovador.

Por fim, o desenvolvimento pessoal e o aprendizado contínuo são aspectos que não podem ser ignorados. Invista em seu crescimento pessoal e profissional, busque novas oportunidades de aprendizado e aplique esses conhecimentos em sua vida e negócios são práticas que podem impulsionar seu sucesso e satisfação. As perguntas desta seção visaram ajudá-lo a identificar áreas de melhoria e a desenvolver uma abordagem proativa para o aprendizado contínuo.

Aplicando os Insights no Dia a Dia

Agora que você refletiu sobre essas áreas cruciais e respondeu a perguntas estratégicas, é hora de aplicar esses insights no seu dia a dia. O conhecimento por si só não é suficiente; é uma ação que transforma ideias em resultados. Aqui estão algumas dicas práticas para ajudá-lo a implementar o que você aprendeu:

Desenvolva um Plano de Ação: Crie um plano de ação detalhado baseado nos insights e respostas que você obteve. Defina metas claras, etapas específicas e prazos realistas para atingir essas metas. Um plano bem elaborado pode servir como um guia para suas ações diárias e ajudá-lo a manter o foco.

Monitore o Progresso: acompanhe seu progresso regularmente. Utilize ferramentas de monitoramento e avaliação para medir seu desempenho em relação às suas metas. Isso permitirá que você identifique rapidamente quaisquer desvios e faça os ajustes necessários.

Seja Flexível: Esteja disposto a adaptar seu plano conforme necessário. O mercado e as moedas podem mudar, e é importante ser flexível e ajustar suas estratégias para se alinhar com essas mudanças.

Incentivo à Colaboração: Envolva sua equipe no processo de implementação. Compartilhe suas metas e planos com eles e incentivo à colaboração e ao feedback. A participação ativa da equipe pode trazer novas perspectivas e fortalecer o compromisso com os objetivos estabelecidos. Promova um ambiente onde todos se sintam valorizados e motivados a contribuir para o sucesso coletivo.

Mantenha-se atualizado: Continue buscando novas oportunidades de aprendizado e desenvolvimento. O mundo dos negócios está em constante evolução, e é crucial manter-se atualizado sobre as tendências e inovações em sua área. Participe de conferências, workshops e cursos, e incentive sua equipe a fazer o mesmo.

Celebre as Conquistas: Reconheça e celebre suas conquistas e as de sua equipe. Comemorar o progresso e os sucessos, por menores que sejam, ajuda a manter a motivação e a moral elevada. Crie momentos de entusiasmo e reconhecimento para fortalecer o espírito de equipe e a cultura positiva da empresa.

Cultive a Resiliência: Desenvolva habilidades de resiliência para lidar com os desafios e adversidades que surgirem. A capacidade de se recuperar rapidamente de contratempos é fundamental para o sucesso a longo prazo. Pratique a resiliência pessoal e incentive sua equipe a fazer o mesmo, criando um ambiente onde erros são vistos como oportunidades de aprendizado.

Fomente a Inovação: Continue a incentivar a inovação e a criatividade em sua empresa. Crie um ambiente onde a experimentação é valorizada e onde ideias novas podem ser exploradas sem medo de falhar. Utilize as perguntas deste livro como uma ferramenta contínua para estimular o pensamento inovador e a busca por melhorias.

O Poder das Perguntas

As perguntas têm um poder transformador. Elas nos obrigam a refletir, a questionar suposições e a explorar novas possibilidades. As perguntas estratégicas apresentadas neste livro foram escritas para ajudá-lo a desenvolver uma compreensão mais profunda de si mesmo e do seu negócio, e para guiá-lo na criação de estratégias eficazes para atingir seus objetivos.

Lembre-se de que o processo de questionamento é contínuo. As respostas que você encontra hoje podem mudar com o tempo à medida que você e seu negócio evoluem. Continue fazendo perguntas, buscando respostas e adaptando suas estratégias. O sucesso é uma jornada, não um destino, e o aprendizado contínuo é a chave para navegar por essa jornada com confiança e propósito.

A Importância da Reflexão e Ação

Este livro não é apenas um guia de reflexão, mas também um chamado à ação. Refletir sobre suas práticas e estratégias é essencial, mas é a ação que transforma insights em resultados. Ao aplicar os conhecimentos e insights que você obtém, você pode criar um impacto significativo em seu negócio e atingir os objetivos que você definiu.

Use este livro como uma ferramenta de referência contínua. Volte às perguntas regularmente para avaliar seu progresso, identificar novas áreas de melhoria e ajustar suas estratégias conforme necessário. Compartilhe essas perguntas com sua equipe e use-as como base para discussões e planejamento estratégico. A colaboração e o compartilhamento de conhecimento são essenciais para o crescimento coletivo.

Uma Jornada de Crescimento

O desenvolvimento pessoal e empresarial é uma jornada contínua. À medida que você cresce e se desenvolve, seu negócio também evolui. Este livro foi projetado para ser um companheiro ao longo dessa jornada, fornecendo orientações, insights e ferramentas para ajudá-lo a alcançar seu potencial máximo.

Lembre-se de que cada passo dessa jornada é significativo. Pequenas melhorias e ajustes incrementais podem levar a grandes avanços ao longo do tempo. Comemore cada conquista, aprenda com cada desafio e continue avançando com determinação e resiliência. O crescimento sustentável é construído sobre a base de aprendizado contínuo, adaptação e inovação.

Conclusão Final: Construindo um Futuro Brilhante

À medida que você aplica os insights e estratégias deste livro, você está construindo um futuro brilhante para você e seu negócio. Por meio do autoconhecimento, planejamento estratégico, gestão eficaz do tempo e recursos, liderança inspiradora, inovação constante e desenvolvimento pessoal, você está criando um caminho sólido para o sucesso.

1. Autoconhecimento e Propósito: Entender quem você é e o que motiva seu negócio proporciona uma base sólida. Alinhar suas ações com seus valores e missão criar um empreendimento autêntico e significativo.

2. Planejamento e Estratégia: Estabelecer objetivos claros e desenvolver estratégias focadas garante que você tenha um roteiro claro para o sucesso. Monitorar e ajustar essas estratégias regularmente mantém seu negócio no caminho certo.

3. Gestão de Tempo e Produtividade: Gerenciar seu tempo de forma eficiente maximiza sua produtividade e permite que você se concentre em atividades que realmente importam. Desenvolver sistemas de produtividade robustos é essencial para atingir seus objetivos.

4. Liderança e Gestão de Equipe: Ser um líder inspirador e eficaz fortalece sua equipe e cria um ambiente de trabalho positivo e colaborativo. Resolver conflitos de maneira construtiva e promover uma cultura de colaboração são essenciais para o sucesso a longo prazo.

5. Marketing e Vendas: Desenvolver estratégias de marketing e vendas eficazes para atrair e reter clientes, impulsionando o crescimento do negócio. Entender seu público-alvo e comunicar claramente o valor de seus produtos ou serviços são práticas fundamentais.

6. Gestão Financeira e Crescimento Sustentável: Controle suas finanças e desenvolva estratégias de crescimento sustentável projetando a saúde e a longevidade do seu negócio. Gerenciar riscos e planejar o futuro são componentes essenciais dessa abordagem.

7. Inovação e Adaptação: Fomentar a inovação e a capacidade de adaptação mantém seu negócio relevante em um mercado em constante mudança. Promover a experimentação e estar disposto a ajustar suas estratégias são práticas que projetam a competitividade.

8. Desenvolvimento Pessoal e Aprendizado Contínuo: Invista em seu próprio crescimento pessoal e profissional fortaleça sua capacidade de liderar e inovar. Busque novas oportunidades de aprendizado e aplique esses conhecimentos em seu negócio impulsionando o sucesso.

O Caminho Adiante

A jornada não termina aqui. Este livro é apenas o começo de uma trajetória contínua de crescimento e sucesso. Continue fazendo perguntas, explorando novas ideias e buscando oportunidades de aprendizado. Envolva sua equipe nesse processo, promovendo uma cultura de desenvolvimento contínuo e inovação.

Lembre-se de que o sucesso é construído sobre a base de pequenas ações diárias. Cada decisão, cada passo e cada esforço para o quadro geral. Mantenha-se focado em seus objetivos, celebre suas conquistas e aprenda com seus desafios.

Encerramento

Enquanto você segue em frente, lembre-se de que você possui as ferramentas e os insights necessários para decolar nos seus negócios. Use este livro como um guia contínuo, uma fonte de inspiração e um lembrete de que o sucesso é uma jornada construída sobre a base do conhecimento, da ação e da reflexão.

Obrigado por me permitir fazer parte da sua jornada. Desejo-lhe todo o sucesso e crescimento no caminho futuro. Continue fazendo perguntas, buscando respostas e, mais importante, agindo sobre essas respostas. O futuro é brilhante e cheio de possibilidades. Vá em frente e decole!

Apêndice: Referência Bibliográfica

A seguir, encontraremos as principais referências bibliográficas que forneceram insights valiosos e fundamentaram as práticas e estratégias discutidas neste livro. Estas obras são recomendadas para atingir seu conhecimento em áreas específicas de negócios, liderança, inovação e desenvolvimento pessoal.

Mandino, OG (1982). O Maior Vendedor do Mundo . Ed. Record.

Collins, J. (2018). Empresas Feitas Para Vencer, Por Que Algumas Empresas Alcançam a Excelência e Outras não . Alta Books.

Covey, SR (1989). Os 7 Hábitos das Pessoas Altamente Eficazes . Ed. Best Seller.

Robbins, T. (1991). Desperte o Gigante Interior . Ed Best Seller.

Collins, J., & Hansen, MT (2022). BE 2.0: Transformando seu negócio em uma ótima empresa duradoura . Ed. Alta Books.

Goleman, D. (1995). Inteligência Emocional . Ed. Objetiva.

Maxwell, JC (1998). As 21 Leis Irrefutáveis da Liderança . Ed. Thomas Nelson.

Cerbasi, G. (2016). Empreendedores inteligentes enriquecem mais: Inteligência financeira para quem já tem ou quer começar o próprio negócio . Ed. Sextante.

Hill, N. (1937). Pense e Enriqueça . Ed. Sextante.

www.ingramcontent.com/pod-product-compliance
Lightning Source LLC
Chambersburg PA
CBHW071932210526
45479CB00002B/653